„Wenn ich in die Augen eines Tieres sehe, sehe ich kein Tier, ich sehe ein Wesen, ich sehe einen Freund, ich fühle eine Seele."

Anthony D. Williams

TIERLIEBE FÄNGT BEIM ESSEN AN.

TIERSCHUTZ
genießen

VORWORT

Tierliebe fängt beim Essen an

Liebe Tierfreundinnen und Tierfreunde,

*„Jedem Anfang wohnt ein Zauber inne" – dieser Satz des bekannten Schriftstellers Hermann Hesse soll auch diesem Buch zugrunde liegen. Denn: Der Weg zu mehr Tierschutz fängt in unserem Alltag und insbesondere auf unseren Tellern an. Die eine oder der andere mag sich ohnmächtig fühlen und sich fragen, was sie oder er dem großen Leid der Kühe, Schweine, Hühner und der anderen landwirtschaftlich genutzten Tiere entgegensetzen kann – sind viele Bilder aus den Ställen doch kaum zu ertragen. Als Tierschützer*innen sind wir davon überzeugt, dass jede*r etwas bewirken und verändern kann.*

Der Anfang des Deutschen Tierschutzbundes liegt bereits weit zurück. Mittlerweile stehen wir seit über 135 Jahren wie keine andere Organisation für seriösen und kompetenten Tierschutz. Als größter Tierschutzdachverband in Deutschland und Europa können wir gemeinsam mit unseren Mitgliedsvereinen zahlreiche Erfolge verbuchen. Aber wir mussten auch immer wieder Rückschläge verkraften, oft geht es nur in kleinen Schritten voran. Doch eins steht fest: Die Mitgeschöpfe, die uns anvertrauten Tiere, brauchen unsere, Ihre Stimme mehr denn je.

Genau aus diesem Grund gehen wir mit diesem Buch einen weiteren Schritt. Gemeinsam mit 35 Köchinnen und Köchen nehmen wir Sie mit auf eine kulinarische Reise und zeigen Ihnen, wie genussvoll Tierschutz sein kann. Ob Vor-, Haupt- oder Nachspeise – unsere Köchinnen und Köche haben 80 leckere Rezepte kreiert, die ganz ohne tierische Inhaltsstoffe auskommen. Herzhaft, süß, leicht und deftig – unsere Gerichte strotzen vor Pflanzenkraft und lassen keinerlei Wünsche offen. Probieren Sie es aus, lassen Sie sich treiben und kombinieren Sie Ihre Ideen mit unseren. Der Kreativität sind keine Grenzen gesetzt.

Wir möchten niemandem vorschreiben, was er isst. Aber vielleicht können wir Sie dazu bewegen, im wahrsten Sinne des Wortes über den eigenen Tellerrand hinauszublicken und in die pflanzliche Küche hineinzuschnuppern.
All diejenigen, die sich in der veganen Welt bereits zu Hause fühlen, finden in diesem Buch neue Inspiration und viele Tricks und Kniffe der Profis.

Lassen Sie sich inspirieren, lassen Sie es sich schmecken und genießen Sie mit uns gemeinsam Tierschutz! Mir geht es so, es ist eben ein guter Geschmack mit Tierschutz auf dem Teller. Mein Dank geht an die Köchinnen und Köche!

Thomas Schröder
Präsident des Deutschen Tierschutzbundes

INHALT

VORSPEISEN

HAUPTSPEISEN

NACHSPEISEN

EINLEITUNG

INSPIRATION STATT ALLTAG!

Was bleibt übrig, wenn man Fleisch und tierische Produkte von seinem Speiseplan streicht? Körner, langweiliges Gemüse und trockenes Brot? Das Klischee, dass die vegane Ernährung der pure Verzicht sei, hält sich bei vielen bis heute. Dabei ist die pflanzliche Küche kreativ und abwechslungsreich.

Mit kleinen Handgriffen lässt sich heute nahezu alles vegan herstellen. Mit ein bisschen Kreativität gehört der Satz: „Als Veganer*in kann ich doch gar nichts mehr essen“ schnell der Vergangenheit an. Vielleicht braucht es am Anfang ein bisschen Geduld. Wenn jemand jedoch bereit ist, sich auf etwas Neues einzulassen, die Augen zu öffnen, den Geschmackssinn zu erweitern und im wahrsten Sinne des Wortes über den eigenen Tellerrand hinauszublicken, eröffnet sich schnell eine neue, vegane Welt voller köstlicher Gerichte. Wenn der Duft von frischen Kräutern, Gemüse

und Obst durch die Küche zieht, sich Kartoffeln, Nudeln, Reis und Hülsenfrüchte dazugesellen, ist nicht nur der Geruchssinn schnell verzaubert. Die bunte Gemüseküche ist alles andere als fad und langweilig. Mit den Gewürzen aus aller Herren Länder verfeinert, macht die Pflanzenvielfalt nicht nur satt, sondern lädt auch zum Genießen ein. Dabei heißt es nicht nur auf zu Ufern einer neuen kulinarischen Welt. Mit Inspiration und Entdeckergeist sind auch die bekannte deutsche Hausmannskost und traditionelle asiatische, afrikanische und orientalische Gerichte im Handumdrehen pflanzlich abgewandelt. Ob leicht oder deftig, süß oder salzig, geschickt kombiniert liefern die verschiedenen Pflanzen dem Körper dabei alle wichtigen Nährstoffe, die ein Mensch zum Leben braucht.

Doch was treibt Menschen eigentlich an, tierische durch pflanzliche Lebensmittel zu ersetzen oder gar gänzlich vegan zu leben? Was vor einigen Jahren noch eine Randerscheinung darstellte, ist heute allgegenwärtig. Aus dem anfänglichen Trend ist längst eine nachhaltige Bewegung geworden, die nachfolgende Generationen beeinflussen wird. Die Gründe dafür sind vielfältig.

KONVENTIONEN DURCHBRECHEN

Wir alle haben uns im Laufe unseres Lebens an bestimmte Lebensmittel und einen damit verbundenen Geschmack gewöhnt. Für viele ist eine Ernährung ohne Fleisch, Milch, Eier und Käse nach wie vor kaum vorstellbar. In den Regalen der Supermärkte, in Restaurants und im eigenen Kühlschrank lockt eine unbegrenzte Vielfalt. Wer will da schon auf irgendetwas verzichten müssen? Fertig abgepackt, zu immer niedrigeren Preisen – das Angebot scheint schier unendlich. Was auf den ersten Blick bequem und zeitsparend ist, hat jedoch eine bedauerliche Nebenwirkung: Essen verkommt zur Nebensache. Die Entfremdung von unserer Nahrung war noch nie so gravierend wie heute. Nur die wenigsten sehen mit eigenen Augen, woher Gemüse, Eier, Milch und Fleisch wirklich stammen. Die große Masse hat keine Ahnung mehr von den Zutaten und ihrer Herkunft. Die meisten Menschen haben heute erst Kontakt zu Rindern, Schweinen, Hühnern und Co., wenn sie die Milchpackung öffnen oder das Schnitzel bereits in der Pfanne liegt. Die gesamte Nahrungsmittelproduktion und vor allem die landwirtschaftliche Intensivtierhaltung finden seit Jahrzehnten unter Ausschluss der Öffentlichkeit statt – fast.

TIERLIEBE FÄNGT BEIM ESSEN AN

Denn in den letzten Jahren erschütterten immer wieder schreckliche Bilder die Bauernhof-Idylle, die uns die Werbung nach wie vor weismachen will: grüne Wiesen, Sonnenschein und glückli-

che Tiere. Die meisten Rinder, Schweine und Hühner in Deutschland können von dem schönen Leben in der Werbung nur träumen. Die schockierenden Aufnahmen zeigen die Abgründe der heutigen Lebensmittelindustrie und entfesseln die Realität der industriellen Nahrungsproduktion. Der Blick hinter die Kulissen reicht daher vielen Menschen, um zu sehen, dass hier die größten Tierschutzprobleme unserer Zeit liegen. In der Folge wächst nicht nur das Interesse an unseren Lebensmitteln und ihrem Ursprung, sondern auch die Nachfrage nach ethisch korrekt hergestellten Produkten. Immer mehr Menschen greifen zu biologisch produzierten Nahrungsmitteln und überdenken ihren Fleischkonsum. Tierische Produkte im Alltag durch pflanzliche Alternativen zu ersetzen, ist für viele von ihnen eine Möglichkeit, etwas zu bewegen und aktiv gegen das Leid der landwirtschaftlich genutzten Tiere vorzugehen. Wir Konsument*innen sind der Nahrungsmittelindustrie nicht hilflos ausgeliefert, der Weg zu mehr Tierschutz fängt insbesondere auf unseren Tellern an.

DIE WELT EIN STÜCKCHEN BESSER MACHEN

Allein in Deutschland gibt es inzwischen mehr als sieben Millionen Vegetarier*innen und über eine Million Veganer*innen, Tendenz steigend. Aus ethisch-moralischen hin zu politischen und sozialen Gründen motiviert, ist Veganismus der neue Lifestyle einer Generation. Die Definition des Seins über den eigenen Konsum: Ernährung ist längst politisch geworden. Vegan sein ist dabei für viele noch weitaus mehr, als sich nur vegan zu ernähren. Neben Lebensmitteln sollen auch Kosmetika, Kleidung oder andere Gegenstände des täglichen Bedarfs ohne tierische Produkte auskommen und nicht an Tieren getestet worden sein. Vegan sein ist Idealismus. Es ist der Traum von einer Welt, in der Menschen ihre Gleichgültigkeit ablegen und Mitgefühl das Handeln aller bestimmt. Wer einmal angefangen hat, das eigene Leben und die heutige Gesellschaft zu hinterfragen, überdenkt neben dem Konsum tierischer Produkte auch schnell weitere Bereiche. Unsere Ernährung und Lebensweise hat nicht nur direkte sowie indirekte Auswirkungen auf Tiere, sondern auch auf andere Menschen, die Umwelt, das Klima, die globalen Ressourcen und die gesamte biologische Vielfalt. Das Reduzieren von Fleisch und anderen tierischen Produkten ist dabei oft nur der erste Schritt.

VERÄNDERUNG BEGINNT HIER UND JETZT

Vielleicht klingt es für die eine oder den anderen etwas abgehoben und fernab der Realität. Aber fest steht: Nur wenn jede*r Einzelne bereit ist, bei sich selbst anzufangen und einen kleinen Schritt nach vorne zu wagen, kann sich die Welt in einen besseren Ort verwandeln. Dabei muss niemand sein Leben von heute auf morgen über den Haufen werfen. Einmal vegan kochen im Monat, in der Woche oder mehr – jeder Anfang zählt. Für uns ist es nur eine Mahlzeit, eine schicke Tasche, ein Pulli oder ein hübscher Lippenstift. Für die Tiere geht es um ihr Leben – für die Welt um ihre Existenz.

ESSEN FÜRS KLIMA?

Mit dem Klimawandel und der Ernährung der Weltbevölkerung steht die Menschheit vor großen Herausforderungen. Wer sich vegan ernährt, trägt nicht nur zum Tierschutz bei, sondern auch zum Erhalt der Regenwälder und leistet einen großen Beitrag zum Klimaschutz.

308 Millionen Tonnen Fleisch produziert die globale Industrie jährlich. Das ist nicht nur viermal mehr als noch vor 50 Jahren, die Ernährungs- und Landwirtschaftsorganisation der Vereinten Nationen (FAO) erwartet mit der wachsenden Weltbevölkerung bis zum Jahr 2050 sogar noch einen weiteren Anstieg auf 455 Millionen Tonnen. Allein in Deutschland sterben schon heute jährlich etwa 760 Millionen Tiere, weltweit sind es 60 Milliarden – Meeresbewohner nicht eingerechnet. Eigentlich sollte jedem Menschen klar sein, dass diese Dimension der industriellen Fleischproduktion nicht nur großes Tierleid verursacht. Auch auf den Rest der Welt hat der Fleischhunger der Menschheit besorgniserregende Auswirkungen.

REGENWÄLDER VERSCHWINDEN

Gigantische Weiden mit mehr als 200 Millionen Rindern – Brasilien ist der weltweit größte Exporteur von Rindfleisch. Um immer neue Weideflächen zu erschließen, hat die Landwirtschaft bereits 80 Prozent des brasilianischen Regenwaldes vernichtet. Auch der Anbau von Getreide verschlingt unzählige Hektar Wald. Lateinamerika gehört zu den Hauptexporteuren. Dabei ist vor allem Soja aufgrund des hohen Eiweißgehaltes eines der Hauptfuttermittel für Tiere und ein Grund dafür, dass Millionen Bäume fallen

müssen. Der Vorwurf, dass Veganer*innen mit dem Verzehr von Tofu, Sojadrink und Co. die Abholzung der Regenwälder unterstützen, ist unbegründet. Tatsächlich werden nur etwa zwei Prozent der jährlichen Sojaproduktion direkt für die menschliche Ernährung verwendet. Hinzu kommt, dass Sojaprodukte, die hierzulande auf dem Teller landen, in der Regel aus europäischem Anbau stammen.
Mit dem Verschwinden der Wälder verlieren unzählige Tiere ihren Lebensraum. Obwohl die Regenwälder heute nur noch knapp sieben Prozent der gesamten Erde bedecken, lebt in ihnen gut die Hälfte aller Tierarten. Weltweit sind derzeit etwa eine Million Tier- und Pflanzenarten vom Aussterben bedroht. Österreichische Forscher*innen haben untersucht, wie sich unterschiedliche Ernährungsformen auf die Abholzung der Regenwälder auswirken. Mit dem Ergebnis, dass am wenigsten Wälder sterben müssten, wenn sich die Weltbevölkerung vegan ernähren würde. Auch wenn dieses Szenario eine hypothetische Welt beschreibt, wird zukünftig unsere Ernährung darüber entscheiden, wie viele der ursprünglichen Regenwälder erhalten bleiben können.

KLIMAWANDEL, HUNGER UND WASSERMANGEL

Darüber hinaus beschleunigt das weltweite Abholzen auch den Klimawandel. Je mehr Bäume verschwinden, desto weniger Kohlenstoffdioxid (CO_2) können sie binden. Eine höhere Konzentration von CO_2 in der Atmosphäre trägt wiederum zur Erderwärmung bei. Methan-Emissionen aus der Tierhaltung, Dünger sowie Lachgas-Emissionen aus landwirtschaftlich genutzten Böden – die Ernährungsgewohnheiten der Menschen haben einen wesentlich größeren Einfluss auf das globale Klima als bisher angenommen. Der Agrarsektor stößt mehr Treibhausgase aus als der gesamte Verkehrsbereich. Im Gegensatz zur Produktion von Fleisch entstehen die meisten klimaschädlichen Gase bei der Herstellung pflanzlicher Lebensmittel erst beim Transport. In ihrer Menge stehen sie daher in keinem Verhältnis zu dem, was die Tierhaltung produziert.

Die Fleischproduktion hat heute eine solche Dimension erreicht, dass die landwirtschaftlich genutzten Tiere mit den Menschen um die gleiche Nahrung „konkurrieren". So bedarf es zum Beispiel 13 Kilogramm Getreide und 30 Kilogramm Heu, um ein Kilogramm Rindfleisch zu produzieren. Von dieser Menge Getreide würden deutlich mehr Menschen satt werden als von dem einen Kilogramm Fleisch. Aber: Die Fleischindustrie verlangt nun mal den Import riesiger Mengen Futter.

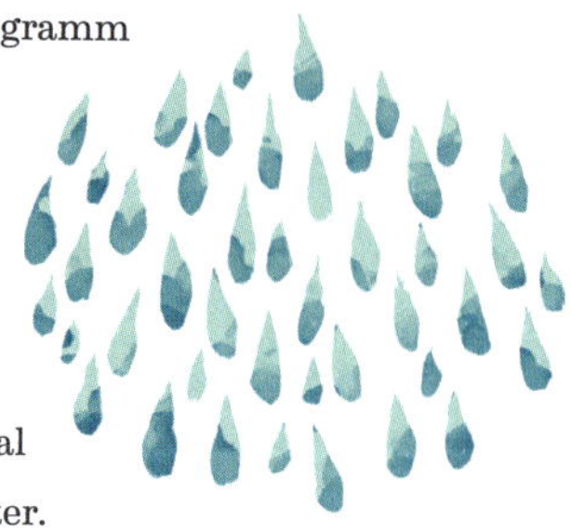

Auch aus Regionen, in denen Menschen hungern. Drei Viertel des globalen Ackerlandes dienen der Tierfütterung. Zusätzlich verbraucht die Landwirtschaft etwa 70 Prozent des weltweiten Trinkwassers. Expert*innen schätzen, dass in den nächsten zehn Jahren rund 64 Prozent der Menschen von einem extremen Wassermangel betroffen sein werden. Um ein Kilogramm Fleisch zu produzieren, werden je nach Tierart bis zu 15.400 Liter Wasser benötigt. Für ein Kilogramm Weizen braucht ein*e Landwirt*in nur einen Bruchteil davon. Laut einer Studie des Worldwatch Institute verbraucht eine Person mit einer Standardernährung in den USA pro Tag fast 14-mal mehr Wasser als jemand, der sich vegan ernährt.

JEDER KANN ZUKUNFT GESTALTEN

Jeder Mensch hinterlässt auf dieser Erde einen ökologischen Fußabdruck. Dieser zeigt uns, wie groß die Fläche ist, die wir zum Leben brauchen und errechnet sich aus allen Ressourcen, die ein Mensch für den Alltag benötigt. Damit alle Menschen und Tiere auf dieser Welt genügend Platz haben und unser Planet eine Zukunft hat, sollte jede*r Einzelne nicht nur an sich selbst, sondern auch an den Rest der Welt denken.

Wer Fleisch vom Speiseplan streicht, reduziert den eigenen ökologischen Fußabdruck in Bezug auf Nahrung schon um die Hälfte – das wäre doch schon ein kleiner Anfang, der nicht nur den Tieren großes Leid erspart.

ÖKOLOGISCHER FUẞABDRUCK

Veganer*in = 2,9 kg CO_2-Äquivalente/Tag

Vegetarier*in = 3,9 kg CO_2-Äquivalente/Tag

Fleischverzehr (mehr als 100g/Tag) = 7,3 kg CO_2-Äquivalente/Tag

Um die Emission verschiedener Treibhausgase vergleichbar zu machen, werden diese hinsichtlich ihrer Klimaschädlichkeit in sogenannte Kohlendioxid-Äquivalente umgerechnet. Bezogen auf die Ernährung erzeugt die*der durchschnittliche Fleischesser*in demnach 2,5-mal mehr CO_2-Äquivalente als eine Person, die sich vegan ernährt. Ein Wechsel zur vegetarischen Ernährung würde die Emissionen schon deutlich senken.

WENN GEMÜSE UND CO. DIE KÜCHE EROBERN

Verschiedenste Farben, Formen und Geschmacksrichtungen – die Natur hält unzählige Schätze für uns bereit. Doch wo fängt man an, wenn man seinen Alltag um vegane Gerichte bereichern möchte?

Das Motto für Veganer*innen und all diejenigen, die sich für die Gemüseküche interessieren, lautet: „Kreativ und abwechslungsreich“. Eine vollwertige und ausgewogene Ernährung ist für jede*n wichtig, frische und unverarbeitete Lebensmittel stehen dabei im Mittelpunkt. Um zu zeigen, welche Lebensmittel in welcher Menge wichtig sind, haben Expert*innen sogenannte Lebensmittelpyramiden erstellt. Dabei ist die Basis jeder menschlichen Ernährung zunächst Wasser. Ein bis zwei Liter täglich sollte jede*r davon trinken. Gleich darauf folgt die größte Lebensmittelgruppe: das Gemüse. Expert*innen empfehlen mindestens 400 Gramm oder drei Portionen täglich. Frisch zubereitet, gegart oder roh versorgen die verschiedenen Gemüsesorten den Menschen mit wichtigen Vitaminen, Mineralstoffen, sekundären Pflanzenstoffen und Ballaststoffen. Etwa 300 Gramm frisches Obst, auf zwei Portionen verteilt, ergänzen die täglichen Gemüseportionen. Dabei ist es sinnvoll, auf saisonale, regionale und ökologisch produzierte Lebensmittel zu achten. Diese haben nicht nur eine bessere Ökobilanz, ausgereiftes Gemüse und Obst enthält auch die meisten Nährstoffe.

KARTOFFELN UND GETREIDE MACHEN SATT

Jetzt folgen die wichtigen Eiweißquellen. Zwei bis drei tägliche Mahlzeiten mit den verschiedenen Getreidearten oder Kartoffeln versorgen den Körper mit ausreichend Energie. Vollkornprodukte haben

eine höhere Nährstoffdichte, liefern komplexe Kohlenhydrate und Ballaststoffe. Zusätzlich sind Weizen, Roggen und Dinkel, aber auch Buchweizen, Quinoa und Amarant eine wesentliche Quelle für Vitamine und Mineralstoffe wie Eisen, Zink und Magnesium. Kartoffeln enthalten auch Vitamin C und Kalium.

Weitere wichtige Eiweißlieferanten der fleischlosen Ernährung sind Hülsenfrüchte wie Bohnen, Kichererbsen und Linsen. Bei täglichen oder zumindest mehreren Mahlzeiten pro Woche liefern sie zudem Ballaststoffe, B-Vitamine, Magnesium, Kalium und Eisen. Als Auflauf mit Kartoffeln oder Nudeln, im Salat oder als orientalisch gewürzte Beilage – Hülsenfrüchte lassen sich eigentlich mit allem kombinieren. Auch Hummus aus Kichererbsen ist im Handumdrehen selbst zubereitet und schmeckt lecker als Dip zu Ofengemüse, Brot und Salat. Darüber hinaus enthalten die verschiedenen Sojaprodukte und Fleischalternativen aus beispielsweise Seitan oder Lupinen viel Eiweiß. Lust auf Schnitzel, Würstchen oder Frikadellen? Es gibt inzwischen viele schmackhafte vegane Ersatzprodukte, die das Mittagessen oder den Grillabend auch ohne Fleisch abwechslungsreich gestalten. Für diejenigen, die nicht auf bereits gewürzte Produkte zurückgreifen möchten, stellen Tofu und Tempeh vielseitige Alternativen zur Fleischbeilage dar. Auch pflanzliche Alternativen zu Milch- und Joghurtprodukten liefern Eiweiß. Allgemein sollten Veganer*innen hier auf Bioprodukte achten, weil diese fast keine Zusatz- oder Aromastoffe enthalten.

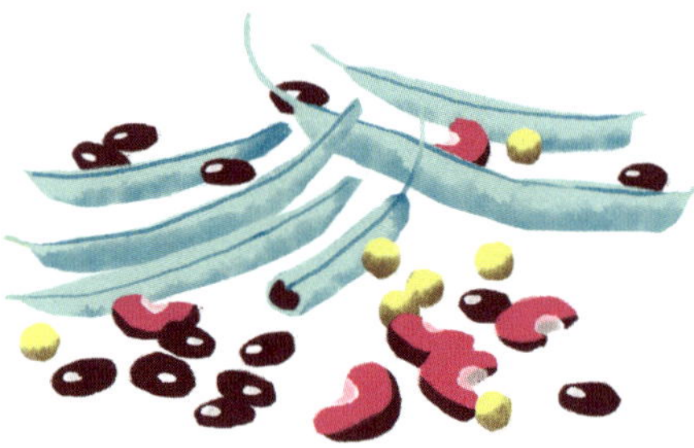

HUMMUS

ZUTATEN

250 g Kichererbsen im Glas

2 EL Tahini

Saft 1 Zitrone

4 EL Olivenöl

1/2 TL Cumin, gemahlen

1 Knoblauch, gepresst

Salz und Pfeffer

3-4 EL Wasser

ZUBEREITUNG

1. Kichererbsen abtropfen lassen.
2. Alle Zutaten in einem Mixer gut pürieren.
3. Nochmals abschmecken und wenn nötig nachwürzen.

WERTVOLLE NÜSSE

Nüsse und Samen glänzen mit vielen essenziellen Fettsäuren, liefern Eiweiß, Folat, Vitamin E und Mineralstoffe. Als Snack oder Verfeinerung von Gerichten bereichern sie die täglichen Mahlzeiten: In der Pfanne geröstete Walnüsse, Cashew- oder Pinienkerne geben Reis- oder Nudelgerichten und Salaten einen besonderen Pfiff. Selbstgemachtes Pesto, etwa aus Cashewkernen, frischem Basilikum, Olivenöl und Knoblauch, schmeckt nicht nur mit Nudeln, sondern auch mit Tofu und Gemüse besonders gut. Insgesamt sollten täglich zwei bis vier Esslöffel hochwertige Pflanzenöle auf jedem Speiseplan stehen. Sie sind wichtig für die Versorgung mit essenziellen Fettsäuren und für die Aufnahme der fettlöslichen Vitamine A, D, E und K.

VERFÜHRUNG IM SUPERMARKTREGAL

Eine gesunde Ernährung kommt ohne Fertiggerichte, salzige Snacks, Alkohol und Süßigkeiten aus. Das bedeutet aber nicht, dass man nicht hier und da mal zugreifen darf. Wenn es im Alltag schnell gehen soll oder die verschiedenen Gelüste rufen, stehen die Supermärkte mit unzähligen Angeboten bereit – die Industrie hat die vegane Bewegung längst erkannt. So gibt es im Supermarkt veganes Eis wie Fruchtsorbets und „Sahne“eis auf Soja- oder Lupinenbasis. Auch wenn das Angebot generell in Bio-Supermärkten und im Internet noch deutlich größer ist, bieten die gängigen Supermärkte inzwischen unterschiedliches Gebäck, verschiedene Sorten Schokolade und Nuss-Nougat-Creme auf rein pflanzlicher Basis an. Auch zahlreiche Hersteller*innen von Fruchtgummis, Chips und anderen Snacks kennzeichnen ihre Produkte als vegan; genauso wie viele Bäcker*innen entsprechende Schilder vor ihren Broten, Brötchen und Teilchen platzieren. Für diejenigen, die ganz unkompliziert mit dem Backen anfangen möchten, gibt es mittlerweile auch fertige vegane Backmischungen, die einen Kuchen ganz leicht gelingen lassen.

EI-ERSATZ

Banane --> 1 Ei = 1/2 zerdrückte Banane

Apfelmus --> 1 Ei = 80 g Apfelmus

Ei-Ersatzpulver --> 1 Ei = 1 TL Pulver und 40 ml Wasser

Sojamehl --> 1 Ei = 1 EL Sojamehl und 1 EL Wasser

Generell lohnt es sich, auch einen Blick auf die Zutatenliste der gängigen Lebensmittel zu werfen. Viele von ihnen sind „unabsichtlich“ vegan, auch wenn es auf den ersten Blick nicht so scheint. Immer wieder ändern Hersteller*innen die Rezeptur ihrer Produkte, schnell gibt es wieder neue vegane Lebensmittel im Supermarkt.

Am Anfang ist es vielleicht etwas ungewohnt, in den Gängen der Märkte zu stehen und die Etiketten zu studieren – doch schnell wird es zum Alltag und die Zutatenliste zur Weggefährtin. Veganer*innen können davon berichten, wie schön es ist, wieder ein neues Produkt gefunden zu haben, das ohne tierische Inhaltsstoffe auskommt. Darüber hinaus bieten die Super- und Drogeriemärkte nicht nur zahlreiche Milchalternativen auf Soja-, Hafer-, Mandel-, Reis- und Cashewbasis an, sondern auch verschiedene Alternativen von Joghurt, Quark und Sahne auf Pflanzenbasis. Bei dieser großen Auswahl ist für jeden Geschmack etwas dabei.

Die Milchalternativen lösen die Kuhmilch sowohl im Kaffee, im Müsli als auch im Teig für Kuchen, Pfannkuchen oder Waffeln ab. Auch aufschlagbare Sahne-Alternativen sind inzwischen erhältlich und retten das gewohnte Kuchenbuffet. Aufläufe oder Soßen bekommen mit Kokosmilch eine exotische Note oder durch Hafer- und Sojasahne-Alternativen einen nussigen Geschmack. Zum Überbacken von Gemüse oder selbst gemachter Pizza eignen sich unter anderem pflanzliche Käse-Alternativen, die inzwischen in allen größeren Supermärkten zu finden sind.

MANDELDRINK

ZUTATEN

150 g Mandelkerne

1 l Wasser

ZUBEREITUNG

1. Die Mandelkerne über Nacht einweichen, das überschüssige Wasser am nächsten Tag abschütten.

2. Die eingeweichten Kerne in einen Mixer geben und einen Liter frisches Wasser hinzugeben.

3. Die zerkleinerte Masse durch ein mit einem Baumwoll- oder Geschirrhandtuch ausgelegtes Sieb in eine Schüssel schütten, um die Schwebestoffe zu entfernen. Anschließend das Tuch auswringen. Fertig ist der leckere Pflanzendrink!

TIPP: Der Mandeldrink ist gekühlt circa drei Tage haltbar. Da sich die festen Bestandteile manchmal am Boden absetzen, den Drink vor dem Gebrauch einfach schütteln. Der Drink kann auch aus Cashewkernen oder Haselnüssen auf gleiche Weise hergestellt werden. Nussallergiker*innen können auf Hafer- oder Dinkelflocken ausweichen. Wem der Drink nicht süß genug ist, kann ihn mit Datteln oder Sirup verfeinern. Auch Gewürze wie Vanille oder Zimt eignen sich besonders gut.

VIELFALT STATT EINHEITSBREI

Selbst gemachte oder gekaufte Brotaufstriche und Frischkäse-Alternativen bringen herzhafte Vielfalt in den Frühstücksalltag. Varianten mit getrockneten Tomaten und Oliven, Sonnenblumenkernen, Senf oder Rucola – die verschiedenen Geschmacksrichtungen stellen in der Kombination mit frischem Salat oder Tomaten und Paprika eine gelungene Abwechslung zu Wurst und Käse dar. Auch Avocados sind ein leckerer Brotbelag – mit etwas Salz entfalten sie ihren Geschmack auf Roggenbrot besonders gut.

SCHNITTLAUCH-SONNENBLUMENKERNE-AUFSTRICH

ZUTATEN

- 75 g Sonnenblumenkerne
- 150 ml Wasser
- 3 EL Orangensaft
- 1/2 TL Salz
- 1 Bund Schnittlauch

ZUBEREITUNG

1. Die Sonnenblumenkerne über Nacht in Wasser einweichen.

2. Überschüssiges Wasser vor dem Verarbeiten abgießen, Kerne in den Mixer geben, Orangensaft, grob zerkleinertes Schnittlauch und Salz hinzufügen und alles fein pürieren.

TIPP: Die eingeweichten Kerne lassen sich auch mit einem Pürierstab fein zerkleinern.

FRISCH UND SELBSTGEMACHT!

Die Natur hält über das Jahr verteilt verschiedenste Gemüse- und Obstsorten bereit – von Langeweile kann hier keine Rede sein. Viele Kräuter und Gemüsesorten lassen sich sogar leicht auf dem eigenen Balkon oder im Garten anpflanzen. Selbstgemachte Gerichte aus frischen Zutaten sind den Fertigprodukten aus dem Supermarkt

geschmacklich weit überlegen. Sie schmecken nicht nur deutlich besser, sondern sind auch gesünder. Schließlich kommen sie gänzlich ohne Zusatzstoffe aus und enthalten die meisten Vitamine. Steht die gesamte Gemüse-, Obst- und Getreidepalette auf dem Speiseplan, kommen nicht nur die Geschmacksknospen auf ihre Kosten. Auch der Körper profitiert von den verschiedenen Nährstoffgehalten der Pflanzen. Allerdings sollten Veganer*innen insbesondere auf eine ausreichende Versorgung mit Vitamin B12 achten. B12 kommt in pflanzlichen Lebensmitteln praktisch nicht vor, spielt aber eine wichtige Rolle bei der DNA-Synthese und Zellteilung, der Blutbildung und der Funktion des Nervensystems. So ist es ratsam mit Vitamin B12 angereicherte Milch-Alternativen, Müslis, Säfte oder Nahrungsergänzungsmittel zu sich zu nehmen. Zudem ist es sinnvoll, einmal im Jahr ein Blutbild machen zu lassen.

Für den Rest der Ernährung gilt: kombinieren, abwechseln und den Geschmackssinn erweitern. Verlassen doch auch Sie einmal Ihren tierischen Küchenalltag und begeben Sie sich mit uns gemeinsam auf eine vegane Entdeckungsreise. Wie könnte es einfacher sein, sich aktiv für den Tierschutz einzusetzen als mit einem Essen, das auch noch schmeckt?

VORSPEISEN

SCHWARZWURZELSALAT

mit Räuchertofu an Schnittlauchpaste

„So einfach, lecker und fein kann vegane Küche sein!" - **Elke Adam-Eckert**

SALAT

600 g Schwarzwurzeln
Saft einer halben Zitrone
Meersalz
1 TL pflanzliche Margarine
80 g Schalotten, fein gewürfelt
200 g Räuchertofu, grob gerieben
etwas Schnittlauch in Röllchen als Garnitur

DRESSING

2 EL Weißweinessig
4 EL Schwarzwurzelfond (vom Kochen)
2 EL Olivenöl, nativ
etwas Zitronensaft
Meersalz
weißer Pfeffer

SCHNITTLAUCHPASTE

50 g Schnittlauch, in grobe Röllchen geschnitten
1/2 TL Meersalz
50 ml Olivenöl, nativ

1. Schwarzwurzeln waschen, schälen und putzen. Bis zur Weiterverarbeitung in Zitronenwasser legen. Danach in ca. 2-3 cm lange Stücke schneiden und in etwas Wasser mit Meersalz, pflanzlicher Margarine und Zitronensaft ca. 15 Minuten bissfest dünsten.

2. Für das Dressing die Zutaten verrühren.

3. Die gegarten Schwarzwurzelstücke mit den Schalottenwürfeln und dem geriebenen Räuchertofu ins Dressing geben und gut verrühren.

4. Die Zutaten für die Schnittlauchpaste gemeinsam pürieren.

5. Die Schnittlauchpaste zum Schwarzwurzelsalat reichen.

TIPP: Alternativ kann das Gericht auch mit Spargel statt Schwarzwurzel zubereitet werden.

4 PORTIONEN
25 MIN.

SELLERIE-APFEL-CREMESUPPE

mit Walnüssen

„Es ist ein einfaches Rechenbeispiel, dass wir nur mit einer pflanzlichen Ernährung die wachsende Weltbevölkerung nachhaltig und gesund ernähren können. Die ressourcenschonendste Art, um Nahrungskalorien zu produzieren, ist es, das Tier aus der Lebensmittelproduktion zu exkludieren." - **Niko Rittenau**

SUPPE

1 mittelgroße Sellerieknolle (ca. 600 g mit Schale bzw. ca. 400 g geschält)
1 mittelgroße Zwiebel
100 g Cashewkerne (vorab 2 Std. eingeweicht)
2 EL mildes Rapsöl (zum Dünsten)
2 mittelgroße Äpfel (mit Schale, entkernt)
1 l kräftige Gemüsebrühe
Salz
Pfeffer
Muskatnuss, frisch gerieben
Saft einer halben Zitrone

AUßERDEM

Walnüsse und andere Kerne (z.B. Kürbiskerne)
3 Scheiben Vollkornbrot (getoastet und in Würfel geschnitten)
Basilikum, frisch

6 PORTIONEN
40 MIN.

1. Die Sellerieknolle gründlich schälen und in kleine Würfel geschnitten in einen ausreichend großen Topf geben. Die Zwiebel schälen, fein schneiden und zusammen mit den eingeweichten Cashewkernen ebenfalls in den Topf geben. Nun den Topf mit dem Gemüse auf mittlerer Stufe erhitzen und sobald er warm wird das Rapsöl zum Dünsten des Gemüses beigeben.

2. Während der Sellerie mit der Zwiebel auf mittlerer Temperatur andünstet, den gewaschenen Apfel mit Schale in kleine Würfel schneiden und 5 Minuten unter gelegentlichem Umrühren mitdünsten lassen.

3. Anschließend mit Gemüsebrühe aufgießen und 20 Minuten köcheln lassen.

4. Am Ende der Garzeit mit Salz, Pfeffer, frisch geriebener Muskatnuss und Zitronensaft abschmecken und mit einem Stab- oder Standmixer vollständig pürieren. Sollte die Konsistenz noch zu dick sein, kann etwas Flüssigkeit zugegeben werden.

5. Die Suppe in Schüsseln oder Schalen gießen, mit gehackten Walnuss- und Kürbiskernen sowie den getoasteten Vollkornbrotwürfeln und frischem Basilikum garnieren.

TIPP: Durch die Zugabe von Zitronensaft am Ende der Garzeit steigt der Vitamin-C-Gehalt der Suppe, wodurch das Eisen aus den Walnüssen, Kürbiskernen, dem Basilikum und dem Vollkornbrot besser vom Körper aufgenommen werden kann.

ASIATISCHER SPITZKOHLSALAT

„Tierschutz ist ein superwichtiges Thema, denn den wenigsten Menschen dürfte tatsächlich klar sein, wie grausam mit ‚Nutztieren' in der Massentierhaltung umgegangen wird. Ein veganes Kochbuch kann zwar diese Missstände nicht ausgleichen, aber es zeigt ganz wunderbar, dass kein Tier für leckeres Essen leiden muss. Und deswegen unterstütze ich das Kochbuchprojekt des Deutschen Tierschutzbundes." - **Patrick Bolk**

SALAT

1 kleiner Spitzkohl
3 Möhren
1 TL Zucker oder Ersatz
1 TL Salz
1 Limette
2 EL geröstetes Sesamöl
1 EL Sojasoße
1 Bund frischer Koriander
geröstete Erdnüsse (optional)
Röstzwiebeln (optional)

1. Den Spitzkohl von den äußeren Blättern befreien. Die Möhren waschen oder schälen – falls nicht bio. Spitzkohl und Möhren mit einer Küchenraspel fein hobeln. Alternativ den Kohl mit einem Messer in feine Streifen schneiden. Alles in eine große Schüssel geben.

2. Mit Zucker und Salz kräftig vermischen und den Kohl massieren, bis er zusammenfallt. Das Volumen sollte sich um mindestens ein Drittel verringern.

3. Limette auspressen. Zusammen mit Sesamöl und Sojasoße zu einem Dressing verquirlen und über den Salat geben. Nochmals kräftig durchmischen.

4. Mindestens 1 Stunde im Kühlschrank ziehen lassen.

5. Den Koriander waschen und trocken schütteln, fein hacken und kurz vor dem Servieren ebenfalls untermischen. Wer mag, streut noch gehackte Erdnüsse oder Röstzwiebeln darüber.

FRANZÖSISCHE ZWIEBELSUPPE

mit Baguette

„Das Motto ‚Tierliebe fängt beim Essen an' macht deutlich, wie einfach Tierschutz sein kann. Wie schön wäre es, wenn man irgendwann einmal auch das Wort vegan nicht mehr auf Kochbücher schreiben müsste, weil diese Ernährungsweise einfach selbstverständlich geworden wäre." - **Kristina Unterweger**

SUPPE

750 g Zwiebeln
3 EL Sonnenblumenöl
2 EL Olivenöl
1 Prise Zucker
1/2 TL Salz
1 gestr. EL Weizenmehl
1 1/2 l Gemüsebrühe (siehe Rezept Steinpilz-Polenta, S.161)
200 ml Weißwein
Pfeffer

BAGUETTE

8 Scheiben Baguette (ca. 1 cm dick)
2 Knoblauchzehen
2 EL Olivenöl
125 g pflanzliche Reibekäse-Alternative

4 PORTIONEN
120 MIN.

1. Zwiebeln schälen und in wirklich sehr dünne Scheiben schneiden.

2. In einem großen Topf Öle auf mittlerer Stufe erhitzen. Zwiebeln dazugeben und unter Rühren 5 Minuten glasig anbraten. Zudecken und bei geringer Hitze ca. 15 Minuten garen, dabei immer wieder umrühren. Zucker und Salz beifügen und weitere 20 Minuten unbedeckt braten, bis die Zwiebeln goldbraun sind.

3. Das Mehl unter die Zwiebeln rühren und ca. 3-4 Minuten anschwitzen. Langsam die heiße Brühe angießen und die Suppe zum Kochen bringen, dabei immer wieder gut durchrühren. Wein beifügen und mit frisch gemahlenem Pfeffer würzen. Temperatur zurückschalten, Deckel aufsetzen und nochmals 30-40 Minuten köcheln lassen, bis die Zwiebeln zu zerfallen beginnen.

4. Baguette in Scheiben schneiden und toasten. Anschließend mit halbierten Knoblauchzehen und Olivenöl einreiben.

5. Backrohr auf 240 °C Ober-Unter-Hitze (oder einfach auf Grillfunktion) vorheizen. Suppe auf vier ofenfeste Formen verteilen, mit je 2 Brotscheiben belegen und mit pflanzlicher Reibekäse-Alternative bedecken. Auf ein mit Backpapier ausgelegtes Backblech stellen und im oberen Drittel des Backrohrs goldbraun überbacken. Sofort servieren.

HERZHAFTE KRAPFEN

Zweierlei von der Roten Bete

„Die Umstellung auf eine pflanzliche Ernährung mag zunächst ungewohnt sein und zu Beginn vielleicht mühsam erscheinen. Sobald aber die unendlich vielen, neuen Zutaten probiert, neue Zubereitungsmethoden entdeckt und die Geschmacksknospen wachgekitzelt sind, kann sie zu einer Quelle unerschöpflicher Kreativität werden, die – von der Küche ausgehend – das gesamte Leben bereichert." - **Nicole Just**

ROTE BETE MOUSSE

2 mittlere Rote-Bete-Knollen
1-2 EL geriebener Meerrettich (nach Geschmack)
Salz
schwarzer Pfeffer aus der Mühle

ROTE BETE CARPACCIO

1 mittlere geringelte Bete (Tondo di Chiogga, alternativ Rote oder Gelbe Bete)
Saft einer kleinen Bio-Zitrone (geriebene Schale aufbewahren)
2 EL Olivenöl, nativ
1 1/2 EL Ahornsirup
Salz

KRAPFEN

150 g Seidentofu
3 EL Wasser
3 EL Pflanzendrink (z.B. Soja-, Reis- oder Haferdrink)
4 EL neutrales Öl (z.B. Raps- oder Sonnenblumenöl)
125 g Weizenmehl (Type 405 oder 550)
2 gestr. TL Backpulver

1. Für das Mousse die Rote Bete unter fließendem Wasser gut abbürsten, Wurzelansatz entfernen und mit Schale fein würfeln. Die Würfel knapp mit Wasser bedecken und 20 Minuten gar kochen, danach das Wasser abgießen und die Bete abtropfen lassen. Die Betewürfel anschließend mit den übrigen Zutaten für die Mousse pürieren und mit Salz und Pfeffer abschmecken.

2. Für das Carpaccio die Rote Bete wie in Schritt eins waschen und putzen. Wurzel- und Stielansatz entfernen und die Bete mit Hilfe eines Gemüsehobels in hauchdünne Scheiben schneiden. Die Scheiben fächerförmig überlappend auf einem Teller verteilen. Die Zitrone heiß abwaschen und trocknen, die Schale abreiben (und beiseitestellen) und den Saft auspressen. Den Zitronensaft mit 2 EL Olivenöl, etwas Salz und dem Ahornsirup verrühren und gleichmäßig über die Betescheiben geben. Abdecken und ziehen lassen.

3. Für die Krapfen Seidentofu, Wasser, Pflanzendrink und Öl in einem Küchenmixer oder mit dem Zauberstab fein pürieren.

4. Das Mehl mit den übrigen trockenen Zutaten, der Misopaste und der geriebenen Zitronenschale vermengen und langsam unter die Seidentofu-Masse heben. Mit einem Schneebesen zu einem glatten Teig verarbeiten. Den Krapfenteig zum Schluss noch einmal mit Salz abschmecken. Das pflanzliche Öl ca. drei Finger hoch in einem weiten Topf erhitzen, bis an einem hinein gehaltenen Holzstäbchen Blasen aufsteigen. Wenn das Öl heiß ist, die Temperatur etwa um ein Drittel reduzieren. Mit zwei Esslöffeln 4 Krapfen aus dem Teig stechen und im heißen Öl in ca. 4-5 Minuten langsam ausbraten. Falls die Krapfen von außen zu schnell braun werden, die Temperatur des Öls noch weiter reduzieren. Die Krapfen danach auf Küchenpapier entfetten.

2 TL helle Misopaste (Shiro Miso)
2 EL Hefeflocken
geriebene Schale einer kleinen Bio-Zitrone
1/2 TL Salz (und mehr zum Abschmecken)
Pflanzenöl zum Frittieren

AUßERDEM

1/2 Handvoll Rucola- oder Feldsalat
1 TL Chilifäden (alternativ feine Sprossen)

5. Das Carpaccio kreisrund überlappend auf vier Teller verteilen, 1 gehäuften EL Mousse in die Mitte setzen. Den Salat waschen, abtropfen lassen und einige Blätter seitlich auf die Mousse legen. Zum Schluss jeweils einen Krapfen darauflegen und mit Chilifäden garnieren.

4 PORTIONEN
45 MIN.

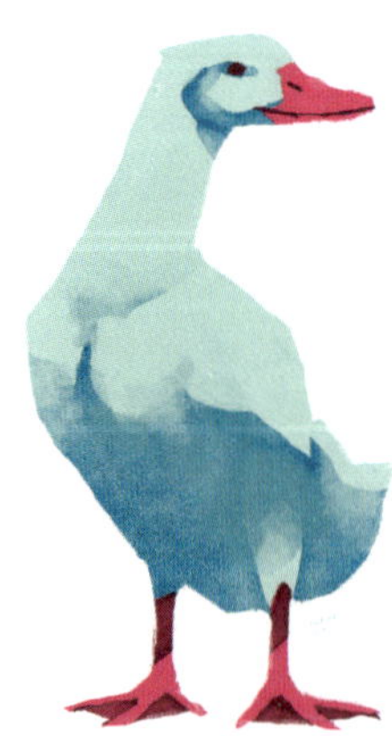

DIE ENTE

Enten füttern und beobachten am See – das ist eine schöne Kindheitserinnerung, die sehr viele Menschen teilen. Was viele von ihnen nicht wissen: Stockenten sind die Vorfahren der Pekingente, die nur allzu oft auf der menschlichen Speisekarte steht. Diese Enten können von einem Leben am See allerdings nur träumen. Als sogenannte Nutztiere haben sie meist weder Auslauf ins Freie, noch Zugang zu einer Wasserstelle. Das Gleiche gilt für ihre Artgenossen, die Moschusenten – die zweite Entenart, die regelmäßig auf dem Teller landet.

•••

Stockenten sind Zugvögel und ziehen im Spätherbst von Nord- nach Südeuropa, um dort zu überwintern. Sie leben in lockeren Herden und schließen sich im Herbst zu Paaren zusammen. Nach der Eiablage trennen sie sich wieder – das Ausbrüten und die Aufzucht der Küken ist Frauensache. Die Männer schließen sich derweil zu Gruppen zusammen, um gemeinsam zu mausern.

•••

Die Moschusente stammt ursprünglich aus Südamerika und lebt dort in sumpfigen Wäldern. Auch diese Tiere leben in freier Natur in lockeren Gruppen oder einzeln und bilden in der Paarungszeit Pärchen. Die weiblichen Moschusenten bauen die Nester, vor Gefahren geschützt, in Bäumen. Nach 35 Tagen schlüpfen die Küken, springen nach nur kurzer Zeit vom Baum herunter und leben in der Mutterfamilie.

SÜßKARTOFFELSUPPE

mit Orange

„Wenn Gemüse nicht schmeckt, liegt das nicht am Gemüse. Essen ist für uns essentiell und hat zusätzlich die Fähigkeit, uns glücklich und ganz nebenbei gesund zu machen. Es kommt nur auf die Auswahl an. Veganes Essen schmeckt lecker, schont Ressourcen, schützt die Umwelt, andere Lebewesen und unseren Planeten, wirkt dem Klimawandel entgegen und macht einfach glücklich!" - **Sebastian Copien**

SUPPE

630 g Süßkartoffeln, geschält
1 Zwiebel (ca. 75 g)
1 Knoblauchzehe
2 EL Kokosöl, nativ (40 g)
1 EL Kokosraspel
1 TL Meersalz
Pfeffer aus der Mühle
12 g Ingwer
1 Streifen Bio-Zitronenschale (ca. 4 × 2 cm)
750 ml heiße, milde Gemüsebrühe
ca. 75 ml Orangensaft, frisch gepresst

EINLAGE

5 EL Kokos-Chips
5 EL kleine Mangowürfel
1/2 TL abgeriebene Bio-Limettenschale
je 4 EL Frühlingszwiebel- und Koriandergrün, fein gehackt

4 PORTIONEN
30 MIN.

1. Für die Suppe den Backofen auf 210 °C vorheizen. Ein Backblech mit Backpapier auslegen. Die Süßkartoffeln in 2 cm dicke Scheiben schneiden. Die Zwiebel schälen und längs in Spalten (Wedges) schneiden. Den Knoblauch schälen und fein würfeln. Das Kokosöl in einem Topf bei schwacher Hitze zerlassen.

2. Süßkartoffeln, Zwiebel, Knoblauch, Kokosraspel, Kokosöl, Salz und eine gute Prise Pfeffer auf dem Blech mischen und verteilen. Im Ofen auf der mittleren Schiene 15 Minuten backen. Den Backofengrill einschalten und alles weitere 5 Minuten braun (nicht schwarz!) rösten. Das Backblech aus dem Ofen nehmen.

3. Die Süßkartoffelmischung in den Mixer geben. Den Ingwer schälen, fein schneiden und mit Zitronenschale, Brühe und 75 ml Orangensaft zu den Süßkartoffeln geben. Alles auf höchster Stufe 40 Sekunden glatt pürieren. Die Suppe mit Salz, Pfeffer und noch etwas Orangensaft abschmecken.

4. Für die Einlage nach Belieben 5 EL Kokos-Chips in einer Pfanne ohne Fett anrösten. Die Suppe mit Kokos-Chips, Mangowürfeln, Limettenschale, Frühlingszwiebel- und Koriandergrün servieren.

„EIERSALAT"-SANDWICH

„Wir haben uns beide aus ethischen Gründen für ein veganes Leben entschieden und das bisher kein Stück bereut. Man entdeckt so viel Neues, wenn man auf die Produkte achten ‚muss', die man sich in den Einkaufskorb packt – seien es Kräuter, Gewürze oder Gemüsesorten." - **Nadine Horn & Jörg Mayer**

„EIERSALAT"

250 g Kichererbsen, gekocht
25 ml pflanzliche Sahne-Alternative (Hafer)
1 TL Senf
1/2 EL Apfelessig
1/4 TL Kurkuma
1 TL Kala Namak
1/4 TL Pfeffer
1 EL Haferdrink

AUßERDEM

4 Radieschen
4 Brötchen
4 EL gehackter Schnittlauch

4 PORTIONEN
10 MIN.

1. Die Hälfte der Kichererbsen mit den restlichen Zutaten – außer dem Haferdrink – in einer Küchenmaschine grob pürieren.

2. Die andere Hälfte zusammen mit dem Haferdrink grob stampfen.

3. Beide Massen miteinander verrühren.

4. Radieschen in Scheiben schneiden.

5. Brötchen aufschneiden und mit dem „Eiersalat" und den Radieschen belegen. Mit Schnittlauch garnieren.

TIPP: Für den authentischen Geschmack sorgt Kala Namak, das schwarze Steinsalz aus Indien. Mit frischen Radieschen belegt, ist das Sandwich der ideale Frühstücks-Snack.

LINSENCRÈME „AS“

„Kochen kennt keine Grenzen; Grenzen entstehen nur im Kopf. Das Konzeptionelle übertrifft das Rationelle. Kochen ist die Architektur des guten Geschmacks. Kochen beginnt in den Köpfen und endet im Kochtopf. Kochen ist die Paarung von Berufung mit Leidenschaft.“ - **Jean-Marie Dumaine**

CRÈME

300 g Linsen (eingeweicht = 650 g)
100 g Zwiebeln
12 g Ingwer
25 g Knoblauchzehen
25 ml Sonnenblumenöl
250 g Tomatenwürfel
1 l Kräuterfond
10 g Curry (z.B. Jaipur)
6 g Meersalz
frischer Koriander

4 PORTIONEN
45 MIN.

1. Die Linsen mehrfach in kaltem Wasser waschen.

2. Zwiebeln, Ingwer und Knoblauch klein gehackt in etwas Sonnenblumenöl glasig dünsten.

3. Linsen, Tomaten und 1 Liter Kräuterfond dazugeben und zugedeckt ca. 20 Minuten vorgaren.

4. Deckel entfernen, Curry dazugeben und weiter garen, bis die Linsen weich sind.

5. Alles mit dem übrigen Öl zu einer Crème pürieren. Mit Meersalz abschmecken.

6. Vor dem Servieren frischen Koriander dazugeben.

FELDSALAT

mit Räuchertofustreifen

„Tierschutz bedeutet für mich, dass kein Tier ausgebeutet und ausgenutzt wird – frei nach Arthur Schopenhauer: ‚Die Welt ist kein Machwerk und die Tiere sind kein Fabrikat zu unserem Gebrauch. Nicht Erbarmen, sondern Gerechtigkeit ist man den Tieren schuldig.'" - **Jérôme Eckmeier**

SALAT

100 g Tofu, geräuchert
2 EL Olivenöl
1 Mango
400 g Feldsalat

DRESSING

1 mittelgroße rote Zwiebel
1 Knoblauchzehe
1 EL Weißweinessig
2 EL mildes Olivenöl
frisch gepresster Saft einer halben Zitrone
1 Prise Zucker
Salz
schwarzer Pfeffer, frisch gemahlen
1/2 Mango
100 ml Balsamicoessig
50 g Zucker

4 PORTIONEN
20 MIN.

1. Für das Dressing die Zwiebel und den Knoblauch schälen und in feine Würfel schneiden. In einer Schüssel die Zwiebel- und Knoblauchwürfel mit dem Weißweinessig, dem Olivenöl und dem Zitronensaft verrühren und mit Zucker, Salz und Pfeffer pikant abschmecken.

2. Das Fruchtfleisch von der halben Mango vom Stein schneiden und schälen. Die Hälfte des Fruchtfleisches in kleine Stücke schneiden und in einem hohen Gefäß mit dem Stabmixer pürieren. Wird die Masse zu fest, etwas Wasser zugeben. Den Balsamicoessig und den Zucker in einem Topf aufkochen. Die Mischung bei niedriger Hitze einkochen lassen, bis ihre Konsistenz sirupartig wird.

3. In der Zwischenzeit den Tofu in Streifen schneiden. In einer Pfanne das Olivenöl erhitzen und den Tofu darin rundherum knusprig anbraten. Herausheben und auf Küchenpapier abtropfen lassen. Die restliche Mango in Spalten schneiden. Den Feldsalat zum Dressing in die Schüssel geben und alles sorgfältig mischen.

4. Auf jeden Teller mittig einen Klecks Mangomus gleichmäßig verteilen. Das Balsamico-Dressing in Punkten auf den Fruchtspiegel setzen und mit einem Holzspieß kreisförmig durch die Punkte fahren, bis ein schönes Muster entsteht. Jeweils Räuchertofustreifen und Mangospalten auf den Soßenspiegel setzen und mit etwas Feldsalat garniert servieren.

TIPP: Den Räuchertofu nicht zu lange in der Pfanne lassen, da er sonst schnell dunkel wird, dann bitter schmeckt und sehr trocken werden kann.

RHABARBERSUPPE

„Küche ist aber auch ein Stück Natur. Große Köche haben nach der ästhetischen Vollkommenheit und Harmonie gesucht, die in der Natur beginnt und in der Natur endet.“ - **Elfie Casty**

SUPPE

500 g rosa Rhabarber
50 ml Wasser
50 ml Orangensaft
1 EL Zitronensaft
120 g Puderzucker

4 PORTIONEN
25 MIN.

1. Rhabarber kurz unter kaltem Wasser abbrausen, die grünen Enden wegschneiden, die Stiele der Länge nach in ca. 1 cm breite Streifen und quer dazu in ca. 1 cm große Würfel schneiden.

2. Wasser und Orangensaft zusammen mit dem Zitronensaft und Puderzucker aufkochen lassen, den Rhabarber zufügen und kurz vors Kochen bringen.

3. Die eine Hälfte des Rhabarbers mit einem Schaumlöffel, gut abgetropft, in eine kleine Schüssel heben; sie dient als Einlage in der Suppe. Die andere Hälfte mit der Flüssigkeit bei großer Hitze auf die ungefähre Menge von 250 ml reduzieren, etwas auskühlen lassen, danach pürieren und durch ein feines Drahtsieb streichen.

4. Sollte Ihnen der Duft von Orangen – «Fleurs d'oranges» – zur Verfügung stehen, können Sie zusätzlich ein sehr apartes Aroma in die «Suppe» bringen.

5. Das Rhabarberkompott in die Mitte von tiefen Tellern setzen und mit dem Rhabarbercoulis umgießen.

TIPP: Ob Sie einer Rhabarbersuppe auch Erdbeeren zufügen möchten oder es vorziehen, die «Suppe» mit einem Rhabarberkompott aufzutragen, ist eine Entscheidung, die ich Ihnen überlassen möchte.

WARUM VEGAN? WEIL HÜHNER DANN …

… NUR SO VIELE EIER LEGEN WÜRDEN, WIE IHR KÖRPER ES SCHAFFT, OHNE KRANK ZU WERDEN.

… ihren Tag mit dem Sonnenaufgang beginnen könnten, um sich zu putzen, nach Futter zu suchen und im Sand zu baden.

... ihre Küken, nachdem sie sich in den ersten 36 Stunden auf die Glucke geprägt haben, in die Gemeinschaft integrieren und ihnen dort alle Verhaltensweisen beibringen könnten.
... IHR LEBEN GENIEẞEN KÖNNTEN – UND DAS BIS AN IHR LEBENSENDE.

MANGO-MOZZARELLA-TATAR

„Tiere können nicht für sich selbst sprechen. Deshalb ist es so essentiell, dass wir unsere Stimme nutzen und uns für sie stark machen." - **Timo Franke**

TATAR

2 reife Avocados
3 EL Zitronensaft
2 Kugeln pflanzliche Mozzarella-Alternative
1 große, reife Mango
saisonaler Salat (z.B. Radicchio)
8 Kirschtomaten
3 EL Pinienkerne
1 rote Chilischote
3 EL Orangensaft
1 TL Agavendicksaft
1 EL Olivenöl
Salz
weißer Pfeffer aus der Mühle
100 g Sprossen oder Kresse
Chilifäden (optional)

4 PORTIONEN
20 MIN.

1. Die Avocados halbieren, den Kern herausdrehen und das Fruchtfleisch vorsichtig aus der Schale drücken. Klein würfeln und mit 2 EL Zitronensaft mischen.

2. Die pflanzliche Mozzarella-Alternative ebenfalls klein würfeln. Die Mango schälen, das Fruchtfleisch in 1 cm dicke Scheiben am Kern herunterschneiden und würfeln. Ebenfalls mit 1 EL Zitronensaft mischen.

3. Den Salat abbrausen, zerkleinern und trocken schleudern. Kirschtomaten waschen, trocken tupfen und halbieren.

4. Die Pinienkerne in einer heißen Pfanne ohne Fett goldbraun rösten, herausnehmen und abkühlen lassen. Die Chili waschen, in schmale Ringe schneiden und dabei nach Belieben die Kerne entfernen.

5. Den Orangensaft mit Agavendicksaft und Öl verrühren und mit Salz und Pfeffer abschmecken. Alle Zutaten mit der Hälfte der Vinaigrette zu einem Salat vermischen. Je einen Formring (Ø ca. 7 cm) auf einen Teller stellen und mit dem Tatar befüllen.

6. Alles leicht zusammendrücken und den Formring vorsichtig entfernen. Mit Sprossen garnieren und mit der übrigen Vinaigrette beträufeln.

KADALA THEL DALA

Teuflisch würzige Kichererbsen

„Kein Wesen will leiden." - **Justin P. Moore**

KICHERERBSEN

400 g gekochte Kichererbsen oder 1 Tasse (185 g) getrocknete Kichererbsen
1 EL Kokos- oder Pflanzenöl
1 mittelgroße rote Zwiebel, gehackt (100 g)
1 Knoblauchzehe, fein gehackt
2 cm frischer Ingwer, fein gehackt
1 grüne Chilischote, entsamt und fein gehackt
1/2 TL Currypulver
1/2 TL Kreuzkümmel, gemahlen
1/2 TL Koriander, gemahlen
1/2 TL schwarzer Pfeffer, gemahlen
1 TL Chili- oder Paprikapulver
1/2 TL Kurkuma, gemahlen
6-8 Curryblätter, getrocknet oder frisch
6-8 Cherrytomaten, halbiert oder 1 mittelgroße Tomate, gehackt (80 g)
2 EL Kokosraspel
1 TL Sojasoße
2 EL Limetten- oder Zitronensaft
1 EL Agavendicksaft (oder Zucker)
1 TL Meersalz
frisches Koriandergrün, gehackt oder grüne Frühlingszwiebelringe

1. Beim Verwenden getrockneter Kichererbsen: 8 Stunden oder über Nacht einweichen. Abgießen, spülen und in einem mittelgroßen Topf mit frischem Wasser 60-90 Minuten weich kochen. Abgießen. Kichererbsen aus der Dose vor dem Verwenden abgießen und spülen.

2. In einem großen Topf Öl auf mittlerer Flamme erhitzen. Gehackte Zwiebel, Knoblauch, Ingwer, Chili, Currypulver, gemahlenen Kreuzkümmel, Koriander, schwarzen Pfeffer, Chili- oder Paprikapulver, Kurkuma und Curryblätter hineingeben. 3-5 Minuten unter ständigem Rühren anbraten, bis die Zwiebel weich wird.

3. Gekochte Kichererbsen, gehackte Tomaten, Kokosraspel, Sojasoße, Limettensaft, Agavendicksaft (oder Zucker) und Salz hinzufügen. Gut umrühren. 9-12 Minuten halb abgedeckt unter regelmäßigem Rühren schmoren.

4. Mit frisch gehacktem Koriandergrün oder grünen Frühlingszwiebelringen garnieren und servieren.

2-3 PORTIONEN
30 MIN.

TOPINAMBUR-PASTINAKEN-CREMESUPPE

„Vegane Küche ist für mich Normalität. Alles Essen, was wir heute konsumieren, sollte aus nachhaltigen und ethischen Gründen in der Basis vegan zubereitet werden. In der Übergangszeit wäre mein Traum schon erfüllt, wenn auch in ‚normalen' Restaurants alle Gerichte immer vegan als Basis wären, mit Fleisch oder Käseoptionen für diejenigen, die das noch wünschen. Das ist die nachhaltige Zukunft." - **Boris Lauser**

SUPPE

250 g Topinambur
1 1/2 mittelgroße Pastinaken
600 ml Haselnussdrink
1 1/2 EL Linsen-oder Lupinenmiso
1 - 1 1/2 TL Kräutersalz
1/4 kleine rote Zwiebel
1 EL Apfel- oder Birnen-balsamicoessig
1/2 TL Dattelsüße
1 EL Rapsöl

AUßERDEM

1 Topinambur, fein gehobelt und in Haselnussöl, Salz und Zitrone mariniert
1/2 kleiner Bund Petersilie, fein gehackt
Pfeffer aus der Mühle
geröstetes Kürbiskernöl
gehackte Haselnüsse

1. Alle Zutaten für die Suppe in einem Hochleistungsmixer 5 Minuten pürieren, bis die Suppe sehr cremig und leicht warm wird.

2. In sechs Suppenschalen einfüllen.

3. Mit Topinambur, Petersilie, Pfeffer, Kürbiskernöl und Haselnüssen garnieren.

TIPP: Anstelle von Topinambur kann auch Kohlrabi verwendet werden.

6 PORTIONEN
20 MIN.

BELUGALINSEN-SALAT

mit gegrillter Zucchini

„‚Geiler Geschmack braucht kein Fleisch' ist seit dem 15. Lebensjahr mein Motto. Bei richtiger Zubereitung bedeutet die vegane Küche einen enormen Zugewinn an Geschmack, aber auch Gesundheit und Wohlbefinden, nicht nur für einen selbst. Probieren Sie es aus – es lohnt sich für Sie!" - **Björn Moschinski**

SALAT

150 g Belugalinsen
1 Schalotte
2 EL Olivenöl
50 ml Weißwein
250 ml Gemüsefond
1/2 Orange
1 Karotte
2 Radieschen
Salz
Pfeffer

ZUCCHINI

1 Zucchini
Olivenöl zum Braten
1 Knoblauchzehe
Salz
Zitronenpfeffer

1. Die Belugalinsen unter klarem Wasser abspülen und abtropfen lassen. Die Schalotte häuten und in feine Würfel schneiden.

2. Einen Topf mit Öl erhitzen und die Schalottenwürfel darin glasig dünsten. Die Belugalinsen dazugeben, 2 Minuten anschwitzen und anschließend mit Weißwein ablöschen. Den Weißwein verkochen lassen. Nun den Gemüsefond nach und nach dazugeben, bis die Linsen weich sind, aber noch Biss haben. Sofort vom Herd nehmen, den Saft der Orange darüberträufeln und die Linsen auf einem Blech ausbreiten, damit sie schneller auskühlen.

3. Die Karotte schälen und anschließend in feine Streifen schneiden. Die Radieschen waschen, ebenfalls in feine Streifen schneiden und mit den Karottenstreifen zu den Linsen geben. Mit Salz und Pfeffer abschmecken.

4. Die Zucchini waschen und in Scheiben schneiden. Eine Grillpfanne mit etwas Olivenöl und angedrücktem Knoblauch erhitzen und die Zucchini darin anbraten. Mit Salz und Zitronenpfeffer würzen und auf Tellern mit den Linsen anrichten.

TIPP: Das Öl wird aromatisiert, wenn man die Knoblauchzehe vorsichtig andrückt und mit erhitzt. Die Zehe darf aber unter keinen Umständen schwarz werden, da sonst das Öl bitter wird.

ROHER SPINATSALAT

mit Knoblauch-Walnuss-Soße und gerösteten Pinienkernen

„Vereinen wir unsere Kräfte zum Schutz von allen, die Haut, Haar, Fell, Federn, Borsten oder Schuppen tragen und einfach nur leben und glücklich sein wollen."
- Barbara Rütting

SALAT

2 Handvoll junger Spinat
2 Knoblauchzehen
125 g gehackte Walnüsse
6-8 EL Öl
Kräuter nach Geschmack, gehackt
Kräutersalz
Pfeffer
2 EL Pinienkerne
essbare Blüten (optional)

2 PORTIONEN
15 MIN.

1. Den jungen Spinat gut waschen, er kann mit den Würzelchen gegessen werden.

2. Knoblauch und Walnüsse pürieren.

3. Tropfenweise unter Rühren das Öl hinzufügen, bis die Soße dick wird. Gehackte Kräuter zufügen, mit Kräutersalz und Pfeffer abschmecken.

4. Spinat auf einem Teller anrichten.

5. Pinienkerne in der Pfanne ohne Fett kurz rösten und mit der Soße über den Spinat geben.

GEEISTES TOMATEN-ZITRONENGRAS-SÜPPCHEN

*„Nichts auf der Welt ist so mächtig wie eine Idee, deren Zeit gekommen ist‘. Dieses Zitat, das Victor Hugo zugeschrieben wird, passt auch zu dem vorliegenden Kochbuch und seinem Anspruch an moderne vegane Ernährung. Insofern ist es mir ein großes Vergnügen, zusammen mit meinen Berufskolleg*innen aufzuzeigen, wie abwechslungsreich und interessant vegane Gerichte sein können.“* - **Armin Amrein**

SUPPE

1 Knoblauchzehe
50 ml Olivenöl
2 Schalotten
1 kg Tomaten frisch oder aus der Dose
2 Limettenblätter
2 Stängel Zitronengras
2 Basilikumzweige
1 Petersilienzweig, glatt
Salz
Pfeffer
Zucker
Weißwein
20 ml französischer Wermut
Tomatenpüree nach Belieben

TOMATENSCHAUM

Dosentomaten (400 ml)
2 TL Lecithin

4 PORTIONEN
30 MIN.

1. Die Knoblauchzehe blätterig schneiden und in Olivenöl leicht bräunlich andünsten. In Streifen geschnittene Schalotten dazugeben und mitdünsten.

2. Tomaten waschen, vierteln und dazugeben. Limettenblätter, angeklopftes Zitronengras, Basilikum und Petersilie dazugeben. Würzen und weich kochen.

3. Mit Weißwein und französischem Wermut abschmecken, eventuell etwas Tomatenpüree zum Färben dazugeben. Durchs Passevite (Passiermühle) passieren, eventuell anschließend noch durchs Spitzsieb. Kalt stellen und servieren.

TIPP: Das Süppchen im Glas servieren und darauf etwas weißen Tomatenschaum geben.

4. Für den Tomatenschaum: Dosentomaten pürieren und erwärmen (nicht kochen). Ein Sieb mit einem Küchentuch auslegen, das Tomatenpüree einfüllen und über Nacht stehen und abtropfen lassen.

5. Die unter dem Sieb aufgefangene klare Tomatenessenz mit 2 TL Lecithin aufmixen (Stabmixer), den entstandenen Schaum abschöpfen und auf das Süppchen geben. Nach Belieben noch weitere Male mixen, um mehr Schaum zu erhalten.

WARUM VEGAN? WEIL LACHSE DANN ...

... ihrem „Heimfindevermögen“ folgen könnten, um nach einer Wachstumsphase wieder an ihren Geburtsort zurückzukehren und dort zu laichen und neues Leben zu schaffen.

... in Süßwasserflüssen zur Welt kommen und anschließend ins Meer wandern könnten.

... IN IHREM LEBEN WEITE GEBIETE DURCHSTREIFEN UND TAUSENDE KILOMETER WANDERN KÖNNTEN.

... IHR LEBEN GENIEẞEN KÖNNTEN – UND DAS BIS AN IHR LEBENSENDE.

CHOPPED SALAD

„*Vegane Küche ist für mich persönlich DER Schlüssel zu (m)einem Zukunfts-Ernährungskonzept. Fünf Tage vegane Küche und zwei Tage, worauf man Lust und Laune hat. Dann wäre einerseits unser Planet ein (noch) besserer und schönerer Lebensraum und wir Menschen würden davon andererseits in gesteigertem Maße für uns, unsere Umwelt und unsere Gesundheit profitieren.*" - **Holger Stromberg**

SALAT

500 g frisches Gemüse, Salate, Obst und Kräuter der Saison, gewaschen
z. B.: rote und gelbe Paprika, in Streifen geschnitten
Möhren geschält, in Stifte geschnitten
Fenchel, geschnitten
Gurke, entkernt und gewürfelt
Kirschtomaten, halbiert
Frühlingslauch, fein geschnitten
Champignons, in dünne Streifen geschnitten
Radieschen, gesechstelt
Rucola
Radicchio, geschnitten
verschiedene Kräuter (Kerbel, Petersilie, Koriander, Basilikum, Kresse)
Mango oder Papaya, geschält, entkernt und in Würfel geschnitten
Cranberries, getrocknet
Salz
einige Tropfen Zitronensaft

1. Für die Stromberg*-Spezialmarinade alle Zutaten in ein großes Schraubglas geben, verschließen und gut durchschütteln. Die Marinade ist sofort gebrauchsfähig – aber richtig gut erst nach ein paar Stunden. Im Kühlschrank wochenlang haltbar und griffbereit.

2. Für den Chopped Salad die Stromberg*-Spezialmarinade in eine große Schüssel geben. Rote und gelbe Paprika zuerst dazugeben und ca. 10 Minuten ziehen lassen.

3. Nun alle vorbereiteten Gemüse, Salate, Früchte und die Kräuter hinzugeben und mit der Marinade vermengen. Nach Wunsch mit etwas Öl würzen. Hervorragend passen Sesamöl, Nussöl oder Kürbiskernöl.

***AUßERDEM:** 50 g Agavendicksaft; 100 ml weißer Essig; 1 Prise Meersalz; 20 g Ingwer, geschält und in Scheiben geschnitten; 3 Knoblauchzehen, geschält und grob geschnitten; 2 Chilischoten, entkernt und klein geschnitten

DHAL

aus gelben Linsen

„Das Schönste an der veganen Ernährung ist die überraschende Vielfalt. Der anfängliche Verzicht entpuppt sich nach kurzer Zeit als Reichtum und Überfluss. Der Bruch der Konventionen eröffnet ganz neue Freiräume in der Art, wie man sich Nahrung zubereitet. Damit gewinnt das tägliche Leben an Kreativität und Mut. Es ist eine Reise, eine Neuentdeckung dessen, was man von klein auf automatisiert hat, und man ist überrascht, wo die Reise hinführt und was sie einen alles neu entdecken lässt.“ - **Judith & Surdham Göb**

DHAL

200 g gelbe Linsen
1 Karotte
40 g Ingwer
3 EL Sonnenblumenöl
1 EL Senfsaat
1/4 TL Kurkuma
1/2 TL Kreuzkümmel, gemahlen
1/2 TL Koriandersamen
1/2 TL Kardamom, gemahlen
Wasser
Salz
1 Paprika
1 Bund frische Petersilie oder Koriander

4 PORTIONEN
35 MIN.

1. Linsen waschen und abgießen.

2. Gemüse waschen.

3. Karotte und Ingwer schälen, sehr klein würfeln und in Öl anbraten.

4. Linsen zugeben.

5. Gewürze zugeben (Senfsaat, Kurkuma, Kreuzkümmel, Koriandersamen, gemahlener Kardamom) und rösten, bis sie duften.

6. Wasser aufgießen (2 cm über den Grundstock) und zugedeckt gar kochen.

7. Salzen.

8. Paprika waschen, aushöhlen und in kleine Würfel schneiden.

9. Paprika in die Suppe geben und von der Flamme nehmen.

10. Einzelportionen mit geschnittenem frischen Koriander oder geschnittener Petersilie dekorieren.

TIPP: Ingwer lässt sich durch die vielen Spalten und Winkel mit einem herkömmlichen Sparschäler nicht so einfach schälen. Mit einem Löffel hingegen lässt sich die Schale einfach abschaben.

MEDITERRANE CHAMPIGNONS

mit veganer Füllung

„Die vegane Ernährung bietet zahlreiche, kreative Ausdrucksmöglichkeiten, die in diesem schönen Buch zusammengefasst sind.“ **- Elke Adam-Eckert**

CHAMPIGNONS

12-16 Champignons
Meersalz
Saft einer halben Zitrone
1 EL Olivenöl

FÜLLUNG

40 g Walnüsse, grob gebrochen
80 g „Streich“-Paste (Rucola-Tomate, Olive oder Paprika)
50 g Basilikum-Tofu, fein gerieben
4 getrocknete Tomaten, klein gewürfelt
1 EL Vollkorn-Semmelbrösel
1/4 TL Meersalz
Pfeffer
Thymian, Basilikum oder Petersilie (optional)

4 PORTIONEN
30 MIN.

1. Champignons mit einem feuchten Küchenpapier abreiben und Stiele herausdrehen. Meersalz und Zitronensaft in einer Auflaufform mischen, 1 EL Olivenöl zufügen und die Champignonköpfe darin marinieren.

2. Grob gebrochene Walnüsse in einer trockenen Pfanne rösten und erkalten lassen. „Streich“-Paste und geriebenen Basilikum-Tofu mit den restlichen Zutaten vermengen und abschmecken.

3. Die Masse in die vorbereiteten Champignonköpfe füllen und in eine leicht gefettete Auflaufform setzen. Bei 200 °C 15-20 Minuten backen. Mit Kräutern bestreuen und servieren.

TIPP: Einige Champignonstiele klein schneiden und zur Füllung geben.

YOUR
kind of
UTIFUL

KARTOFFELSUPPE VICHYSSOISE

mit Knoblauchsrauke

„Ich unterstütze dieses Buchprojekt, weil zu konsequentem Tierschutz eine vegetarische oder besser noch vegane Lebensweise gehört und weil der Tierschutz beim Deutschen Tierschutzbund in den besten Händen ist.“ - **Barbara Rütting**

SUPPE

2 Lauchstangen
2 EL Öl
4 Kartoffeln
1 l Gemüsebrühe
Salz oder Kräutersalz
Pfeffer
250 ml pflanzliche Sahne-Alternative (Cashew)
ein paar Handvoll Knoblauchsrauke vom Spaziergang

AUßERDEM

1 Baguette und – falls Sie daraus Croûtons machen wollen – etwas Öl

4 PORTIONEN
30 MIN.

1. Den grünen Teil des Lauchs entfernen, die weißen Stängel fein schneiden und im Öl ca. 5 Minuten dünsten. Kartoffeln schälen, würfeln und dazugeben. Mit der Gemüsebrühe auffüllen und kochen, bis die Kartoffeln weich sind.

2. Suppe im Mixer pürieren. Salzen, pfeffern, die pflanzliche Sahne-Alternative unterziehen. Fertig!

3. Knoblauchsrauke waschen. Wie beim Spargel eventuell Holziges vom Stängel entfernen, den zarten Anteil des Stängels fein schneiden und die Blätter grob zupfen. Beides locker unter die Suppe heben.

4. Einfach mit dem Baguette genießen oder Croûtons herstellen. Hierfür das Baguette würfeln, kurz in etwas Öl rösten und über die Suppe streuen.

TIPP: Die eher noch unbekannte Knoblauchsrauke beglückt uns mit einem köstlichen Knoblaucharoma. Wer sie einmal kennengelernt hat, sieht sie plötzlich überall und will sie nicht mehr missen. Ende April/Anfang Mai wächst die Langstängelige mit dem zarten weißen Blütenköpfchen an feuchten, halbschattigen Wald- und Wiesenrändern, an Mauern und auf Schuttplätzen, gern in Gesellschaft von Brennnesseln und am liebsten unter Laubbäumen. Sollten Sie wider Erwarten keine Knoblauchsrauke gefunden haben, tut es auch Bärlauch, fein gehackter Schnittlauch oder ganz normaler durch die Presse gedrückter Knoblauch.

SALAT AUS GERÖSTETEM GEMÜSE

mit Buchweizen und Chimichurri

„Der Deutsche Tierschutzbund leistet großartige Arbeit und verdient unsere Unterstützung! Es ist eine geniale Idee, dies durch ein veganes Kochbuch realisieren zu können.“ - **Gonzalo Barò**

SALAT

200 g Buchweizen
250 g grüner Spargel
4 EL Olivenöl
2 Zucchini
1 große Aubergine
2 rote Paprika
5 Radieschen

CHIMICHURRI

1/2 Handvoll Koriander
1/2 Handvoll Petersilie
1 kleine rote Chili, frisch oder
1 eingelegte Piri-Piri-Schote
1/2 rote Zwiebel
1 Knoblauchzehe
1/2 Limette, ausgepresst
1/2 TL Kreuzkümmel, gemahlen
1/2 TL Oregano, getrocknet
100 ml fruchtiges Olivenöl
1 EL Rotweinessig
Salz
Pfeffer
Petersilienblätter (optional)

4 PORTIONEN
60 MIN.

1. Buchweizen in einem Sieb gründlich ausspülen, zuerst mit heißem Wasser, dann mit kaltem. In einem Topf ca. 500 ml Wasser zum Kochen bringen, Buchweizen dazugeben und bei mittlerer Temperatur 10 Minuten köcheln lassen. Anschließend vom Herd nehmen und weitere 7 Minuten ziehen lassen. Überschüssiges Wasser entfernen und beiseitestellen.

2. Für das Chimichurri Koriander, Petersilie, Chili, Zwiebel und Knoblauch ganz klein hacken und in eine Schüssel geben. Die restlichen Zutaten hinzufügen und gut durchmischen. Das Öl muss die Zutaten in der Schüssel fast bedecken.

3. Den Ofen auf 180 °C vorheizen. Das holzige Ende vom Spargel entfernen und den Spargel in ca. 3 cm lange Stücke schneiden. In einer Schüssel mit 1 EL Olivenöl vermischen und beiseitestellen. Die Zucchinis und die Aubergine der Länge nach in 3-4 mm dicke Scheiben schneiden und mit restlichem Olivenöl bestreichen. Die rote Paprika ganz auf ein mit Backpapier ausgelegtes Blech legen und in den Ofen schieben. Nach 25 Minuten die Zucchini- und Auberginenscheiben und nach weiteren 10 Minuten den Spargel dazugeben und alles 10 Minuten garen.

4. Das Gemüse aus dem Ofen nehmen und etwas auskühlen lassen. Die Radieschen in dünne Scheiben schneiden. Die rote Paprika von der Haut und den Samen befreien und in längliche Stücke schneiden. Das Ofengemüse zusammen mit den Radieschenscheiben vorsichtig vermengen.

5. Nun alles auf den Tellern anrichten. Zuerst etwas Chimichurri in die Mitte des Tellers geben, dann Gemüse darauf aufhäufen, etwas Buchweizen, wieder Gemüse, Buchweizen und zuletzt noch mal Chimichurri. Den Salat mit Petersilienblättern dekorieren.

MILLE FEUILLE

mit Kohlrabi, Apfel und Avocado-Meerrettichcreme

„Tierschutz beginnt beim Kochen schon mit der Auswahl der Rezepte. Ich entscheide schon vor dem Kochen, ob ich tierische Produkte überhaupt für meine Gerichte benutzen möchte. Und selbst wenn ich tierische Produkte nutze, habe ich auch durch meinen Einkauf noch Einfluss darauf, wie die Haltungsbedingungen der Tiere für die Lebensmittelproduktion aussehen und ob ich zum Beispiel Massentierhaltung durch meinen Kauf unterstützen möchte.“ - **Jan Wischnewski**

MILLE FEUILLE

3 säuerliche Äpfel (z.B. „Idared“)
1 EL Zitronensaft
1 Kohlrabi (ca. 500 g)
Salz
2 reife Avocados (Sorte „Hass“)
1 EL pflanzliche Crème fraîche-Alternative
Saft von einer Limette
2 TL Agavendicksaft
2-3 Msp. Wasabi-Pulver
60 g Walnusskerne
4 EL Olivenöl
Rote Bete-Streifen, frittiert (optional)

4 PORTIONEN
25 MIN.

1. Die Äpfel waschen und 12 Scheiben mit ca. 3 mm Dicke und möglichst gleichem Durchmesser herausschneiden. Die Kerngehäuse ausstechen. Die Apfelscheiben mit dem Zitronensaft vermengen, damit sie nicht braun werden.

2. Den Kohlrabi mit einem Messer schälen und (am besten mit einem Gemüsehobel oder einem elektrischen Allesschneider) in 12 ca. 1–2 mm dicke Scheiben schneiden. Nach Belieben im Durchmesser der Apfelscheiben rund ausstechen. Die Kohlrabischeiben in kochendem Salzwasser ca. 2 Minuten blanchieren, dann sofort in Eiswasser abschrecken, abtropfen lassen und mit Küchenpapier trocken tupfen.

3. Die Avocados halbieren, entkernen und das Fruchtfleisch mit einem großen Löffel aus den Schalen heben. Mit einem Stabmixer das Fruchtfleisch zusammen mit der pflanzlichen Crème fraîche-Alternative, dem Limettensaft, dem Agavendicksaft und dem Wasabi-Pulver pürieren. Mit Salz abschmecken.

4. Die Walnusskerne grob hacken. Das Avocadopüree in einen Spritzbeutel füllen. Jeweils 3 Apfel- und 3 Kohlrabischeiben abwechselnd aufeinander setzen und dazwischen jeweils etwas Avocadopüree dressieren. Mit einem Tupfer Avocadopüree abschließen, mit Olivenöl beträufeln und mit den Walnüssen bestreuen. Nach Belieben z.B. noch mit frittierten Rote Bete-Streifen garnieren.

TIPP: Wer dieses Gericht ohne Avocado zubereiten möchte, ersetzt Avocado, die Pflanzencreme und die Hälfte des Limettensaftes mit entsprechender Menge pflanzlicher Mayonnaise-Alternative.

HAUPTSPEISEN

KÜRBIS-KICHERERBSEN-CURRY

mit Banane

„Tierschutz trägt für mich dazu bei, unsere Welt lebenswerter zu gestalten, sensibler für einen respektvollen Umgang zu werden und mehr Gesundheit zu erfahren.“

- Elke Adam-Eckert

CURRY

60 g Zwiebeln, fein gehackt
700 g Hokkaidokürbis, gewürfelt
2 EL Olivenöl, nativ
400 ml Gemüsebrühe
300 g Kichererbsen (Glas)
150 g rote Paprikaschote, gewürfelt
2 TL Ingwer, fein gehackt
1 TL Curry
1/2 TL Koriander, gemahlen
Meersalz
50 ml pflanzliche Sahne-Alternative (Soja)
1 reife Banane, in dicke Scheiben geschnitten
1 EL Apfel- oder Weißweinessig
Daikon-Kresse und schwarzer Sesam (optional)

4 PORTIONEN
25 MIN.

1. Die Zwiebel- und Hokkaidowürfel in Öl andünsten. Die Gemüsebrühe angießen und 5 Minuten köcheln lassen.

2. Anschließend die Kichererbsen und die Paprikawürfel zufügen und weitere 15 Minuten köcheln.

3. 5 Minuten vor Garzeitende die Gewürze, die pflanzliche Sahne-Alternative und die Bananenscheiben zufügen.

4. Vor dem Servieren nochmals abschmecken und mit Apfel- bzw. Weißweinessig verfeinern.

TIPP: Falls Sie getrocknete Kichererbsen verwenden möchten, brauchen Sie nur 150 g davon. Über Nacht in Wasser einweichen, abgießen, spülen, in frischem Wasser 1 Stunde gar kochen und dann weiterverarbeiten wie im Rezept beschrieben.

DIM SUM AUS WURZELGEMÜSE

mit Pflaume süß-sauer

„Die vegane Ernährung ist immer noch viel zu unbekannt und die meisten Menschen haben nur sehr vage Vorstellungen, was sich hinter dieser vielseitigen Ernährung verbirgt. Jegliche Initiativen, die es schaffen, den Menschen näherzubringen, dass eine tierleidfreie, nachhaltige Ernährung sogar leckerer schmecken und vielseitiger sein kann als konventionelle Ernährung, unterstütze ich gerne aus vollem Herzen und Überzeugung.“ - **Boris Lauser**

FÜLLUNG

60 g Cashew- oder Sonnenblumenkerne, 4 Stunden in Wasser eingeweicht
250 g Karotten
2-3 kleine Frühlingszwiebeln (15 g)
ca. 3 cm großes Stück Ingwer (15 g)
1 EL Hatcho Miso (20 g)
2 EL Kokosblütenzucker (20 g)
1/2 TL Apfelessig
2 EL geröstetes Sesamöl (30 ml)
1 EL Tamari (oder nach Geschmack)

SOßE

120 ml Apfelessig
200 ml Wasser
90 g Dörrpflaumen
50 g Kokosblütenzucker
1 kleine scharfe Chilischote mit Samen oder 1 TL Chiliflocken (geschroteter Chili)

AUßERDEM

ca. 12 Blatt Reispapier (rund, Ø 22 cm)
1 Bund Schnittlauch
1 EL Sesamsamen

1. Die Cashew- oder Sonnenblumenkerne abspülen. Die Karotten abbürsten, gegebenenfalls schälen und in grobe Stücke schneiden. Die Frühlingszwiebeln klein schneiden. Den Ingwer waschen, gegebenenfalls schälen und quer zur Maserung in feine Streifen schneiden.

2. Karotten, Cashew- oder Sonnenblumenkerne, Frühlingszwiebeln, Ingwer, Miso und Kokosblütenzucker in der Küchenmaschine mit S Messer zu einer feinkörnigen Masse verarbeiten. Dann Apfelessig und Sesamöl zugeben und mit Tamari und Kokosblütenzucker je nach gewünschter Würze und Süße abschmecken. Den Ingwer je nach gewünschter Schärfe ebenfalls abschmecken.

3. Für die Soße alle Zutaten in den Mixer geben und gegebenenfalls 10 Minuten stehen lassen, bis die Dörrpflaumen weich geworden sind. Dann so lange pürieren, bis die Dörrpflaumen komplett vermixt sind und eine zähflüssige süßsaure Soße entsteht.

4. Um die Knödel zu füllen, in einen tiefen Teller ca. 60-70 °C warmes Wasser füllen. Die Reisblätter mit einer Schere vorsichtig in der Mitte halbieren. Für jeden Knödel ein halbes Reisblatt zunächst im warmen Wasser einweichen und weich werden lassen. Das dauert ca. 5-10 Sekunden. Mit den Händen das weiche Reispapier vorsichtig aus dem Wasser nehmen, sodass es nicht bereits zusammenklebt und auf einem flachen Teller ausbreiten. Einen gehäuften Teelöffel von der Karottenfüllung in die Mitte geben. Dann das Reispapier von den kurzen Seiten ausgehend einklappen, um die Füllung einzuschließen. Die langen Enden verdrehen und zu einer Schleife binden. Nun einen ca. 5 cm langen Schnittlauchhalm auf die Schleife legen und mit einer weiteren Schleife fixieren. Die fertig geformten Dim Sum in eine Kunststoffbox legen, die mit Wasser

20-25 STÜCK
30 MIN.

befeuchtet ist – das macht es leichter, sie dann später wieder herauszunehmen – oder direkt auf Teller anrichten. Den Prozess wiederholen, bis sämtliche Füllung verbraucht ist.

5. Auf einen Teller pro Portion 3 Knödel als Vorspeise oder 5-7 Knödel als Hauptgericht platzieren und mit der süß-sauren Soße und Sesamsamen garnieren.

TIPP: Das Sesamöl kann man auch ungeröstet, also in Rohkost-Qualität verwenden. Den typisch chinesischen Geschmack bekommt man aber erst mit Verwendung von geröstetem Öl, was dem Gericht die besondere Note verleiht.

DIE KUH

Nur wenige Tiere sind mit der Geschichte der Menschheit so eng verknüpft wie die Kuh. Vor etwa 10.000 Jahren begannen unsere Vorfahren damit, Rinder zu domestizieren. Der Auerochse, der Vorfahr des heutigen Hausrinds, lebte ursprünglich in der Gegend des heutigen Irans, Pakistans und des nordwestlichen Indiens. Schnell wurden die Tiere Gefährten der Menschen, dienten als Fleisch-, Milchlieferant und Zugtier.

•••

Leider rückten ihre Bedürfnisse dabei immer mehr in den Hintergrund – der weitaus größte Teil der Rinder teilt heute das Schicksal als sogenanntes Nutztier. Dabei würden sie gerne in einer Herde leben und täglich durch die Landschaft ziehen. Rinder bilden untereinander intensive Freundschaften und führen eine enge Mutter-Kalb-Beziehung. Nicht selten teilen sich die Kühe die Erziehung, oft passt eine Kuh auf die spielenden Kälber auf. Die Jungbullen verlassen die Herde im Alter von zwei Jahren und bilden Junggesellengruppen von bis zu vier Tieren; ältere Bullen werden zu Einzelgängern.

•••

Ob jung oder alt, in großer oder kleinerer Herde – liegen Rinder genügsam auf der Wiese und käuen wieder, scheint es, als sei die Welt noch in Ordnung. Vielleicht wird sie es irgendwann auch wieder. Frei nach Friedrich Nietzsche, der schon sagte: „Das Himmelreich ist bei den Kühen".

SÜßKARTOFFELGNOCCHI

auf Rahmspinat

„Tierliebe fängt beim Essen an‘ – diesem Slogan des Deutschen Tierschutzbundes kann ich zu hundert Prozent zustimmen. Kochbücher sind dabei eine tolle Möglichkeit zu zeigen, dass die vegane Küche abwechslungsreich, lecker und noch dazu viel einfacher umzusetzen ist, als viele Leute vielleicht denken. Deshalb freue ich mich, ein Teil dieses Projekts sein zu dürfen.“ - **Anna-Lena Klapp**

SÜßKARTOFFELGNOCCHI

600 g Süßkartoffeln
250 g Vollkornmehl
3 EL Kartoffelmehl
1 EL Salz

RAHMSPINAT

500 g Blattspinat
1 rote Zwiebel
2 Knoblauchzehen
1 EL Rapsöl
250 ml Sojacreme
20 g Gemüsebrühe
3 EL Hefeflocken
Salz und Pfeffer nach Geschmack

4 PORTIONEN
40 MIN.

1. Schäle und viertle die Süßkartoffeln und koche sie etwa 15-20 Minuten in Salzwasser weich.

2. Putze und wasche den Spinat. Blanchiere ihn in kochendem Wasser einige Sekunden, dann schrecke ihn in Eiswasser ab. Lasse ihn abtropfen, drücke die überschüssige Flüssigkeit gut aus und hacke den Spinat.

3. Schäle und hacke die Zwiebel und den Knoblauch klein und dünste sie mit dem Rapsöl in einem Topf kurz an. Gib die Sojacreme dazu und rühre die Gemüsebrühe, Hefeflocken sowie Salz und Pfeffer unter. Gib nun den Spinat dazu und erhitze ihn unter ständigem Rühren. Somit ist der Rahmspinat fertig.

4. Gieße das Wasser der Kartoffeln ab und fange die Kartoffeln dabei durch ein Sieb auf. Zerstampfe die abgekühlten Kartoffeln und verarbeite sie mit Vollkorn-, Kartoffelmehl und Salz zu einem glatten Teig. Sollte der Teig noch kleben, gib etwas Mehl hinzu, bis er nicht mehr an deinen Händen klebt.

5. Forme auf einer bemehlten Arbeitsfläche aus dem Teig Rollen mit ca. 3 cm Durchmesser. Schneide 2 cm lange Stücke ab und drücke die Gnocchi mit den Zinken einer Gabel etwas flacher.

6. Lege die Gnocchi in kochendes, leicht gesalzenes Wasser. Lass sie so lang kochen, bis sie an der Wasseroberfläche schwimmen.

TIPP: Bestreue die Gnocchi vor dem Servieren mit Hefeflocken.

KARTOFFELPÜREE

mit mediterraner Stippe

„Vegan zu leben ist eine äußerst effektive Form des Tierschutzes – der Hauptgrund, warum ich vegan geworden bin. Für meinen Konsum soll möglichst kein anderes Lebewesen leiden müssen.“ - **Patrick Bolk**

KARTOFFELPÜREE

500 g Kartoffeln, vorwiegend festkochend
Salz
150 ml Sojadrink
1 EL pflanzliche Margarine
1 Prise Muskatnuss, frisch gerieben

STIPPE

50 g getrocknete Tomaten in Öl (das Öl aufbewahren)
1 kleine rote Zwiebel
1 Knoblauchzehe
20 g Kürbiskerne
30 g schwarze Oliven ohne Stein
2 EL pflanzliches grünes Pesto
schwarzer Pfeffer aus der Mühle

1. Für das Kartoffelpüree die Kartoffeln schälen, würfeln und in reichlich Salzwasser gar kochen.

2. Für die Stippe getrocknete Tomaten klein schneiden, Zwiebel und Knoblauch abziehen und fein würfeln. 2 EL vom Öl der getrockneten Tomaten in einer Pfanne erhitzen, Zwiebel und Knoblauch darin glasig dünsten. Kürbiskerne hinzufügen und kurz mit anbraten. Tomatenstücke, Oliven und Pesto unterrühren. Mit Pfeffer würzen.

3. Die Kartoffeln abgießen und mit einem Kartoffelstampfer oder einer Kartoffelpresse zu Püree verarbeiten. Sojadrink kurz erhitzen und über die gestampften Kartoffeln geben. Margarine unterrühren und mit Muskatnuss und Salz abschmecken.

4. Das Kartoffelpüree auf Tellern anrichten und die Stippe darübergeben.

TIPP: Kartoffelpüree sollte man niemals mit einem Pürierstab herstellen, da es sonst eine schleimige Konsistenz erhält.

2 PORTIONEN
30 MIN.

TEMPEH

mit Paprika und Dill

„Ich unterstütze den Deutschen Tierschutzbund bei diesem Buchprojekt, weil es eine tolle Aktion und eine sehr gute Idee ist. Tierschutz ist mir ein sehr wichtiges Anliegen und ich freue mich, einen kleinen Beitrag dazu leisten zu dürfen." - **Josita Hartanto**

PAPRIKA-TEMPEH

2 Tomaten
1 mittelgroße Zwiebel, halbiert
1 rote Paprika
200 g Tempeh
2 EL Öl
2 EL Sojasoße
80 ml Weißwein
150 ml Wasser
1 kleiner Bund Dill

GEMÜSEPASTE

1 Knoblauchzehe
2 cm Ingwer
1/4 - 1/2 Chilischote
150 g geschälte Tomaten
1 TL Brauner Zucker
1/4 TL Kurkuma
6 EL Sojasoße
2 EL Öl
1 TL Tamarinden-Paste

1. Eine Tomate und je eine Zwiebel- und Paprikahälfte in mundgerechte Stücke schneiden und beiseitestellen.

2. Für die Gemüsepaste das restliche Gemüse zusammen mit den übrigen Zutaten im Blender oder mit dem Pürierstab pürieren.

3. Tempeh in Öl hellbraun anbraten. Gemüsestücke dazugeben und 3 Minuten mitbraten. Sojasoße dazugeben, kurz durchschwenken, dann mit Weißwein ablöschen. Die Gemüsepaste mit dem Wasser dazugeben und etwa 8-10 Minuten köcheln lassen.

4. Dill grob schneiden und über die Soße streuen. Sofort servieren.

TIPP: Dazu passt Duftreis oder auch Fladenbrot.

4 PORTIONEN
20 MIN.

GRÜNE POWER-WAFFELN

mit Dill-Gurken-Salat

„Vegan sein heißt für mich, alte Traditionen mit neuen Ideen bereichern und durch eine nachhaltige Lebensform neue Werte schaffen. Lasst uns mit dem Nachdenken anfangen und den Wandel der Welt evolutionär begleiten. Dieser Planet ist unsere Chance." - **Stina Spiegelberg**

WAFFELN

120 g Dinkelmehl (Type 1050)
120 g grünes Erbsenmehl
2 geh. TL Backpulver
50 ml Pflanzenöl
2 EL Apfeldicksaft
80 g pflanzliche Joghurt-Alternative (Soja oder Hanf)
200 ml kohlensäurehaltiges Mineralwasser
1 EL Weißweinessig
Salz
schwarzer Pfeffer
Paprikapulver
40 g Babyspinat
1/2 Bund Petersilie
4 Kirschtomaten
1/2 Zwiebeln, gewürfelt
Pflanzenöl für das Waffeleisen

DILL-GURKEN-SALAT

2 Salatgurken
Salz
1 Bund Dill
150 ml Hafercuisine oder andere pflanzliche Sahne-Alternative
1 EL Weißweinessig
1 EL Apfeldicksaft
schwarzer Pfeffer

1. In einer Rührschüssel Dinkelmehl, Erbsenmehl und Backpulver mischen.

2. Öl, Apfeldicksaft, pflanzliche Joghurt-Alternative, Mineralwasser, Essig und die Gewürze zugeben und mit dem Schneebesen von Hand zu einem glatten Teig rühren.

3. Spinat und Petersilie klein schneiden, Tomaten ebenfalls klein schneiden. Die Zwiebel fein würfeln. Spinat, Petersilie, Tomaten und Zwiebelwürfel unter den Teig heben. Das Waffeleisen leicht fetten und die Waffeln darin ausbacken.

4. Die Gurken fein hobeln, mit etwas Salz bestreuen und 10 Minuten ziehen lassen. Das Wasser abgießen. Den Dill hacken, mit pflanzlicher Sahne-Alternative, Weißweinessig und Apfeldicksaft vermengen und über die Gurkenscheiben geben. Mit Salz und Pfeffer abschmecken.

5. Die grünen Power-Waffeln mit dem Gurkensalat servieren und genießen.

TIPP: Wer kein Waffeleisen besitzt, kann den Teig auch als herzhafte Pancakes in der Pfanne ausbacken. Grünes Erbsenmehl kann man auch selbst herstellen, dafür einfach getrocknete und geschälte grüne Erbsen in einer Mühle zu Mehl mahlen.

4 PORTIONEN
20 MIN.

WARUM VEGAN? WEIL **SCHWEINE** DANN …

… mittags im Schatten eine mehrstündige Siesta halten könnten.

... IHRE FERKEL IN SELBSTGEBAUTEN NESTERN ZUR WELT BRINGEN UND MIT IHNEN NACH ZWEI WOCHEN ZUR GRUPPE ZURÜCKKEHREN KÖNNTEN.

... morgens gemeinsam ihr Gruppennest verlassen könnten, um Gras zu fressen, in der Erde zu wühlen, an Wurzeln zu nagen und sich zu wälzen und an Bäumen zu scheuern.

... IHR LEBEN GENIEẞEN KÖNNTEN – UND DAS BIS AN IHR LEBENSENDE.

GEGRILLTE AUBERGINE

mit Linsen-Tabouleh

„Vegan bedeutet für mich, aus frischen und gesunden Lebensmitteln wie Gemüse, Hülsenfrüchten und Getreide, ausgewogene und köstliche Gerichte zu kreieren, ohne dabei den Geschmack und die Textur von Fleisch zu imitieren. Ich koche ausschließlich mit Lebensmitteln und nicht mit industriell hergestellten Nahrungsmitteln. Das ist mein Fokus in der veganen Küche.“ - **Parvin Razavi**

AUBERGINE

2 Auberginen, in Scheiben geschnitten und gesalzen
3 EL Sumak
60 g frische Petersilie, gehackt
3 EL Olivenöl zum Anbraten

LINSEN-TABOULEH

1 Bund Petersilie, fein gehackt
1 Bund Minze, fein gehackt
3 Stangen Frühlingszwiebeln, in feine Ringe geschnitten
2 reife Tomaten, gewürfelt
250 g braune Linsen, bissfest vorgegart und kalt gestellt
1 TL Sumak
1 1/2 TL Salz
1/2 TL schwarzer Pfeffer
Saft einer Zitrone
Olivenöl

1. Alle Zutaten für das Linsen-Tabouleh in eine Schüssel geben und mit Zitronensaft und Olivenöl abschmecken.

2. Gesalzene Auberginen-Scheiben mit Olivenöl einreiben und bei 180 °C im Ofen weich backen.

3. Herausnehmen und mit Sumak und Petersilie gut bestreuen.

4. Mit Linsen-Tabouleh servieren.

TIPP: Sehr gut schmecken die Sumak-Auberginen auch mit gebratenem Chicorée.

4 PORTIONEN
45 MIN.

KÜRBIS-TOFU-LASAGNE

mit Mandel-Béchamelsoße

„Tierschutz setzt sich für ein artgerechtes Leben von Tieren ein. Ich persönlich vertrete dabei die Ansicht, dass artgerecht nur die Freiheit ist." - **Anna-Lena Klapp**

KÜRBIS-TOFU-LASAGNE

1 Butternut-Kürbis, alternativ Hokkaidokürbis
2 EL Rapsol
Salz
1 TL Paprikapulver
1 Zwiebel
3 Knoblauchzehen
1 TL Rapsöl
250 g geräucherter Tofu
250 g Tomaten
2 Gläser Tomaten-Kräuter-Soße (à 400 ml)
100 ml Wasser
Salz
Pfeffer
Paprikapulver

MANDEL-BÉCHAMELSOSSE

500 ml Soja Cuisine
200 ml Haferdrink
2 TL Senf
4 EL Hefeflocken
4 EL gemahlene Mandeln
1 Prise Muskatnuss
Salz
Pfeffer

1. Schäle zuerst den Butternut-Kürbis und teile ihn dann in kleine Würfel.

2. Gib die Würfel in eine Schüssel und vermenge sie mit 2 EL Rapsöl, 1 TL Salz und 1 TL Paprikapulver.

3. Verteile die Würfel auf ein mit Backpapier ausgelegtes Backblech und schiebe sie für etwa 20 Minuten bei 180 °C Umluft in den Ofen, damit sie weich werden.

4. Währenddessen würfelst du die Zwiebel und die Knoblauchzehen und dünstest sie mit etwas Rapsöl in einer großen Pfanne an.

5. Zerbrösele den Räuchertofu mit den Händen und gib ihn in die Pfanne. Verwende nicht zu viel Hitze, sonst trocknet der Tofu zu stark aus.

6. Schneide nun die Tomaten in kleine Stückchen und gib sie ebenfalls in die Pfanne.

7. Nun sollten die Kürbiswürfel fertig sein. Hole sie aus dem Ofen und menge sie unter den Räuchertofu.

8. Gib nun die Tomaten-Kräuter-Soße und das Wasser hinzu und würze alles kräftig mit Salz, Pfeffer und Paprikapulver.

9. Nun wird die Mandel-Béchamelsoße zubereitet. Gib dafür die Soja Cuisine und den Haferdrink in einen Topf.

10. Rühre die restlichen Zutaten unter und lass alles aufkochen.

HEFESCHMELZ

2 EL pflanzliche Margarine
3 TL Mehl
4 EL Edelhefeflocken
100 ml Wasser
100 ml Sojadrink
1 TL Senf
1 TL Salz
1 Prise Muskatnuss
1 EL Mandeln, gemahlen

AUßERDEM

250 g Lasagneplatten (100% Hartweizengrieß)

4-6 PORTIONEN
90 MIN.

11. Zum Schluss wird der Hefeschmelz zubereitet. Bringe dafür die Margarine in einem Topf zum Schmelzen. Rühre das Mehl und die Hefeflocken unter und gib das Wasser und den Sojadrink dazu. Nun das Ganze noch mit Senf, Salz und Muskatnuss würzen, die gemahlenen Mandeln unterrühren und alles einmal kurz aufkochen.

12. Fette eine Auflaufform ein und beginne mit dem Schichten. Zuerst die eine Lage Kürbis-Tofu-Soße, dann die Mandel-Béchamelsoße und zuletzt die Lasagneplatten. Nun wieder die Kürbis-Tofu-Soße usw. darübergeben, bis alles aufgebraucht ist. Zum Abschluss verteilst du den Hefeschmelz als Käse-Alternative auf der Lasagne.

13. Die Lasagne wird jetzt bei 180 °C Umluft ca. 40-45 Minuten gebacken.

*„Bis vor wenigen Jahren hieß vegetarische oder vegane Speisen anzubieten einfach nur das Fleisch vom Teller zu nehmen und die Beilagen zu servieren. Ein besonderes Geschmackserlebnis war das nicht. Zum Glück hat sich die pflanzenbasierte Küche inzwischen enorm weiterentwickelt und unser Kochbuch zeigt, dass die Entscheidung keine tierischen Produkte zu verwenden nichts mit Verzicht zu tun hat. Im Gegenteil: Lecker essen und gleichzeitig Tiere und Umwelt schützen – einfacher geht es doch eigentlich nicht. Jede*r kann es versuchen und jedes bisschen hilft."* – **Dr. Esther Müller**,
Leiterin der Akademie für Tierschutz
des Deutschen Tierschutzbundes

SÜSSKARTOFFEL-SATÉ

mit Korianderreis

„Ich bin immer wieder begeistert von der Vielfalt und Wandlungsfähigkeit pflanzlicher Zutaten. Und dabei meine ich nicht den explodierenden Markt an veganen Fertig- und Ersatzprodukten. Kochen an sich ist meine große Leidenschaft. Beim veganen Kochen steckt allerdings noch mehr Herzblut drin, weil mit dem Essen auch eine Botschaft mitgeteilt wird – es bedarf keiner tierischen Zutaten, um ausgezeichnet zu speisen." **- Josita Hartanto**

SÜSSKARTOFFEL-SPIESSE

2 mittelgroße Süßkartoffeln
4 EL Olivenöl
1 geh. EL Zucker
Salz
2 rote Zwiebeln
6 EL süße Chilisoße
2 EL Sesam
1 Prise Zimt
80 ml Orangensaft

ERDNUSSSOSSE

4 EL Orangensaft
4 gehäufte EL Erdnussbutter
2 EL Tamarinden-Paste
2 EL süße Sojasoße
1 TL Sambal Oelek
etwas Wasser
Salz

KORIANDERREIS

2 Tassen thailändischer Duftreis
2 Tassen Wasser
1 Bund Koriander
2 EL Olivenöl
1/2 TL Salz

4 PORTIONEN
30 MIN.

1. Für die Süßkartoffelspieße die Süßkartoffeln schälen und in gleichmäßige Würfel von etwa 2,5 cm schneiden. Mit Öl, Zucker und etwas Salz auf einem tiefen Backblech verteilen und im Ofen ca. 10 Minuten vorgaren. Sie sollen noch etwas Biss haben. Etwas abkühlen lassen.

2. Zwiebeln schälen und in Spalten schneiden. Abwechselnd mit den Süßkartoffeln auf Holzspießchen stecken.

3. Chilisoße, Sesam, Zimt und Orangensaft in einer großen Pfanne erhitzen. Die Spieße hineingeben und vorsichtig glasieren. Nochmals für etwa 5-8 Minuten bei 180 °C in den Ofen geben, bis die Spieße schön glänzen und die Zwiebeln weich sind.

4. Für die Erdnusssoße in der Zwischenzeit den Orangensaft kurz erhitzen und mit den restlichen Zutaten zu einer sämigen Soße rühren.

5. Für den Korianderreis den Reis in einem feinen Sieb mit klarem Wasser waschen, bis das Wasser fast klar abläuft. Reis und Wasser in einem Topf bei geschlossenem Deckel auf kleiner Flamme aufkochen. 10 Minuten leise köcheln lassen. Vom Feuer nehmen und zugedeckt weitere 10 Minuten quellen lassen. In der Zwischenzeit Koriander mit Öl und Salz im Mörser oder Schnellzerkleinerer zu einer schönen, grünen Paste verarbeiten.

6. Den fertigen Reis mit der Kräuterpaste vermischen und mit Spießen und Erdnusssoße anrichten.

TIPP: Dazu passt ein schöner Gurkensalat mit etwas Limette und frischem Chili.

MISO-AUBERGINE

mit Zitronen-Kurkuma-Couscous

„Die vegane Küche hat meine Sicht auf Ernährung komplett auf den Kopf gestellt, denn durch sie habe ich viele neue Produkte entdeckt und altbekannte neu interpretieren können. Die Vielfalt der pflanzlichen Ernährungsweise hat meine Art zu kochen stark beeinflusst und die gemeinschaftlichen Kochabende mit Freunden viel spannender gemacht.“ **- Gonzalo Barò**

COUSCOUS

3 EL Olivenöl
200 g Cherrytomaten
1 Stange Staudensellerie
100 g gekochte Kichererbsen
1 Bio-Zitrone
230 ml Gemüsebrühe
250 g Couscous
2 TL Kurkuma
Salz
Pfeffer

MISO-AUBERGINEN

2 große Auberginen
4 EL Olivenöl
4 EL Miso (hell)
2 EL Agavensirup
2 TL Sojasoße
2 TL Reisessig
Pfeffer

AUßERDEM

1 Handvoll Korianderblätter
Kerne eines halben Granatapfels

4 PORTIONEN
25 MIN.

1. In einer Pfanne mit 1 EL Olivenöl die Cherrytomaten bei mittlerer Hitze ca. 5 Minuten braten, bis die Haut der Tomaten etwas angebräunt ist. Parallel den Staudensellerie in dünne Scheiben schneiden. Nun den Staudensellerie und die gekochten Kichererbsen dazugeben. Kurz schwenken und beiseitestellen.

2. Den Ofen auf 180 °C vorheizen. Die Auberginen der Länge nach in 3-4 mm dicke Scheiben schneiden. Die restlichen Zutaten für die Miso-Aubergine in einer Schüssel zu einer Marinade verrühren. Die Auberginenscheiben auf einem mit Backpapier ausgelegtem Blech verteilen und mit der Marinade dick bestreichen. Im Ofen 10 Minuten lang garen und anschließend beiseitestellen.

3. Für den Couscous die Schale der Zitrone abreiben und beiseitestellen. Die Brühe in einem Topf mit 2 EL Olivenöl kurz aufkochen und von der Platte nehmen. Anschließend den Couscous in die Brühe geben, kurz verrühren und bedeckt ca. 5 Minuten ziehen lassen. Danach mit einer Gabel den Couscous auflockern und mit Kurkuma, Zitronenabrieb, Pfeffer und Salz würzen. Dann die angebratenen Tomaten und Kichererbsen mit dem Sellerie zum Couscous geben und vorsichtig mischen.

4. Die fertigen Miso-Auberginen auf Tellern anrichten, den Couscous mittig längs darauf verteilen und mit Korianderblättern und Granatapfelkernen dekorieren. Die Zitrone achteln und dazu servieren.

TIPP: Damit die Auberginen nicht zäh, sondern weich und zart werden, die Auberginenscheiben direkt nach dem Schneiden mit Salz bestreuen und 20-30 Minuten Wasser ziehen lassen. Anschließend mit Küchenpapier das Salz entfernen und trocken tupfen.

SCHNELLE WOKNUDELN

„Tierschutz bedeutet für mich eine Hilfestellung, um Tieren mehr Rechte zu verleihen als sie per Gesetz haben und ihre Ausbeutung und ihr Leid zu verhindern. Dabei ist Aufklärung ein sehr wichtiger Punkt und man muss jede Möglichkeit nutzen, den Menschen Alternativen aufzuzeigen, gerade was die Ernährung angeht."

- Josita Hartanto

WOKNUDELN

200 g asiatische Schnellkochnudeln
Salz
2 Möhren
1/2 rote Paprika
1/2 Bund Frühlingszwiebeln
1 rote Zwiebel
1 Handvoll Zuckerschoten
100 g Tofu
4 EL neutrales Öl
1/4 TL Koriander, gemahlen
1/4 TL Kurkuma
4 EL Sojasoße
4 EL (Chili-)Ketchup
8 Tropfen Sesamöl

4 PORTIONEN
15 MIN.

1. Nudeln nach Packungsanweisung in reichlich Salzwasser kochen und abgießen, dabei etwa 80 ml Kochwasser auffangen und beiseitestellen.

2. Während die Nudeln kochen, Gemüse in mundgerechte Stucke und Tofu in Streifen schneiden.

3. Gemüse und Tofu im heißen Öl etwa 3-4 Minuten anbraten, Gewürze hinzugeben.

4. Sojasoße, Ketchup sowie das aufgefangene Nudelkochwasser dazugeben.

5. Nudeln und Sesamöl unterheben und sofort servieren.

TIPP: Gemüsesorten mit längerer Garzeit, z.B. Brokkoli oder grüne Bohnen, können auch im Nudelwasser mitgegart werden.

EXOTISCHES RATATOUILLE

„Tierschutz ist in vielfältigster Weise ein dringendes Anliegen, heute mehr denn je. Die artgerechte Haltung – gerade auch bei der Produktion von Lebensmitteln – ist für mich als Spitzenkoch ein zentrales Thema. Folglich machte es absolut Sinn, darüber nachzudenken, wie Mahlzeiten auch ohne Zutaten tierischen Ursprungs kreativ und abwechslungsreich zubereitet werden können. Mögen meine Rezepte diesbezüglich als Inspiration und Anreiz dienen." - **Armin Amrein**

RATATOUILLE

2 EL Schalotten, gehackt
2 rote Peperoni
etwas Olivenöl
1/2 EL Tomatenpüree
3 EL Tomatenchutney oder Ketchup
2 grüne Zucchini
1 gelbe Zucchini
1/2 Ananas
1/2 Schale Physalis
Schale einer halben Bio-Orange
Ingwer
Zitronenpfeffer
Korianderblätter, gehackt

1. Die Schalotten zusammen mit den klein geschnittenen Peperoni in Olivenöl andünsten, Tomatenpüree und Ketchup beigeben und mit den gewürfelten Zucchini zusammen knackig dünsten.

2. Die in Würfel geschnittene Ananas und die Physalisviertel unterheben.

3. Orangenschale beigeben und mit Ingwer, Zitronenpfeffer und gehacktem Koriander abschmecken.

2 PORTIONEN
15 MIN.

LIEBLINGSNUDELN

„Vegan kochen bedeutet für mich, Lebensmittel UND Lebewesen wertzuschätzen. Es gibt so viele wunderbar schmeckende pflanzliche Lebensmittel – warum sollte da ein anderes Lebewesen für meinen Genuss leiden müssen? Genuss, Vielfalt, Gesundheit und eine neu entdeckte Freude am Kochen, das alles bedeutet vegan kochen für mich.“
- Patrick Bolk

LIEBLINGSNUDELN

250 g Bandnudeln
Salz
1 EL Rapsöl
200 g Räuchertofu
1 EL pflanzliche Margarine
200 g pflanzliche Sahne-Alternative (Soja)
1 EL Liebstöckel, gehackt
100 g feine Erbsen (TK)
schwarzer Pfeffer aus der Mühle

2 PORTIONEN
15 MIN.

1. Nudeln nach Packungsanweisung in reichlich Salzwasser bissfest garen. Anschließend in ein Sieb schütten und kurz kalt abbrausen. Abtropfen lassen und mit Rapsöl vermengen, damit sie nicht zusammenkleben.

2. Räuchertofu würfeln. Margarine in einer Pfanne erhitzen und den Räuchertofu darin scharf anbraten.

3. Pflanzliche Sahne-Alternative, Liebstöckel und Erbsen dazugeben und alles köcheln lassen, bis die pflanzliche Sahne-Alternative cremig ist und die Erbsen aufgetaut sind. Anschließend die Nudeln unterheben und alles mit Salz und Pfeffer abschmecken.

TIPP: Dieses Gericht ist eigentlich eine Variante der veganen Spaghetti Carbonara und kann ganz leicht zu einer solchen abgewandelt werden: Einfach Liebstöckel und Erbsen weglassen, dafür den Räuchertofu mit Zwiebeln anbraten und am Ende klein gehackte frische Petersilie dazugeben.

MASSAMAN-LINSEN-KOKOS-CURRY

„Meiner Meinung nach ist es einfacher und effizienter, Menschen mit einem guten Gericht und seinem Geschmack statt vieler Worte von der veganen und damit tierleidfreien Küche zu überzeugen. Aus diesem Grund freue ich mich ganz besonders, Teil dieses tollen und engagierten Projekts und Kochbuchs zu sein."

- Yvonne Hölzl-Singh

CURRY

200 g rote Linsen
1 mittelgroße Zwiebel
3-4 Knoblauchzehen
1 walnussgroßes Stück Ingwer
etwas Kokosöl zum Braten
1 Dose Kokosmilch
2 TL Massaman-Currypaste, vegan
roter Chili, fein gehackt (Menge nach Geschmack)
300 ml Wasser
Himalaya-Salz
1/2 - 1 kleine Zitrone
1 Handvoll frische Korianderblätter

1. Die Linsen gut unter kaltem Wasser waschen, bis das abgehende Wasser klar bleibt. In frischem Wasser etwa eine halbe Stunde einweichen.

2. Zwiebel, Knoblauch und Ingwer schälen, grob hacken und in etwas Kokosöl in einem Topf anbraten, wobei die Zwiebel etwas früher in die Pfanne kommt.

3. Kokosmilch, Currypaste, den fein gehackten Chili, die abgetropften Linsen und das Wasser dazugeben und zum Kochen bringen.

4. Das Curry köcheln, bis die Linsen weich sind. Die genaue Kochdauer hängt davon ab, wie lange die Linsen eingeweicht worden sind.

5. Das Massaman-Curry mit Salz und Zitronensaft abschmecken und den gehackten Koriander unterrühren.

TIPP: Der Chili ist optional für alle, die es gerne scharf mögen. Die Massaman-Currypaste besitzt bereits eine gute Schärfe, ist aber nicht ansatzweise so scharf wie Pasten für rote oder grüne Currys. Dazu passt Basmati-Reis.

WARUM VEGAN? WEIL GÄNSE DANN …

… zwischen ihren Schlaf-, Fress- und Trinkplätzen hin- und herfliegen könnten.

… nach dem Frühstück ihre Zeit damit verbringen könnten, zu baden, im Wasser unterzutauchen und ihr Gefieder zu putzen.

… LEBENSLANGE PARTNERSCHAFTEN EINGEHEN KÖNNTEN.

... IHR LEBEN GENIEßEN KÖNNTEN – UND DAS BIS AN IHR LEBENSENDE.

THAI BOWL

mit Reisbandnudeln und Erdnuss-Soße

„Vegane Küche ist unglaublich vielfältig und vor allem nicht annähernd so kompliziert, wie man vielleicht denkt. Man kommt sehr gut ohne teure Ersatzprodukte aus. Mein Motto bei meinen Rezepten lautet daher auch: ‚Einfach, lecker, vegan'."
- Michaela Marmulla

BOWL

200 g dünne Reisbandnudeln
1 Gurke
4 Frühlingszwiebeln
100 g Rotkohl
2 Möhren
2 EL geröstete Erdnüsse
1 Handvoll glatte Petersilie
1 Handvoll Koriander

ERDNUSS-SOßE

2 Knoblauchzehen
3 EL Erdnussmus
75 ml Wasser
3 TL Sojasoße
2 TL Sriracha
1 EL Erdnussöl
1 EL Agavendicksaft
Saft einer halben Zitrone
1/2 TL Salz

2 PORTIONEN
20 MIN.

1. Reisbandnudeln nach Packungsanweisung garen, kalt abschrecken und abtropfen lassen.

2. In der Zwischenzeit die Gurke vierteln und in Scheiben schneiden. Frühlingszwiebeln in Ringe, Rotkohl in feine Streifen schneiden und die Möhren fein stifteln. Die Erdnüsse grob, die Kräuter fein hacken.

3. Für die Soße Knoblauch grob hacken und mit den restlichen Zutaten in einem Mixer zu einer glatten Soße vermischen.

4. Reisbandnudeln mit Möhren, Gurke, Rotkohl und Frühlingszwiebeln in zwei Schüsseln anrichten und die Soße darüber verteilen.

5. Mit Erdnüssen und den gehackten Kräutern garnieren.

6. Zum Essen die Zutaten in der Schüssel vorsichtig miteinander vermischen.

TIPP: Perfekt für ein gelungenes Picknick oder zum Mitnehmen ins Büro.

GRATINIERTES SOMMERGEMÜSE

„... artgerechte Haltung ist nur die eine Seite der Medaille; die Rückseite zeigt das Gesicht unseres eigenen Denkens und Handels. Tierschutz ist kein Buch mit sieben Siegeln, sondern der Schlüssel, der viele Türen aufschließt, unter anderem auch die Tür zur Erkenntnis, dass wahre Genussfreude in der Kunst liegt, verzichten zu können." - **Elfie Casty**

GEMÜSE

1 große weiße Zwiebel
je 1 gelbe und rote Peperoni
2 EL feinstes Olivenöl
Salz
weißer Pfeffer aus der Mühle
2 große Fleischtomaten
1 kleine Zucchini
1 kleine Aubergine
feinstes Olivenöl

KRÄUTERÖL

2 große Knoblauchzehen
1 frisches Lorbeerblatt
1 TL Thymianblättchen
1 TL fein geschnittene
flache Petersilie
ca. 10-12 fein geschnittene
Basilikumblättchen
1 TL Majoranblättchen
3 EL feinstes Olivenöl

2 PORTIONEN
90 MIN.

1. Die Zwiebel schälen, halbieren und quer in sehr feine Streifen schneiden. Von den Peperoni den Stielansatz entfernen, vierteln, die weißen Trennhäutchen sowie die Kerne auslösen, die Haut mit einem Sparschäler abziehen und in ca. 2x2 cm große Quadrate schneiden. 2 EL Olivenöl in einer Pfanne erhitzen, die Zwiebelstreifen bei kleiner Hitze zu honiggelber Farbe dünsten, die Peperoni beigeben, vorsichtig salzen und das Gemüse währenddessen ca. 20 Minuten zugedeckt leise schmoren lassen. Zum Schluss mit wenig weißem Pfeffer aus der Mühle aromatisieren.

2. Die Tomaten in sprudelnd heißem Wasser während ungefähr 12-15 Sekunden blanchieren, in eiskaltem Wasser abschrecken, die Haut abziehen sowie Kerne und Saft auslösen und in ca. 3x3 cm große Quadrate schneiden. Zucchini und Aubergine waschen und ungeschält in ca. 0,5 cm dicke Scheiben schneiden. Eine Gratinform (ø ca. 18-20 cm) mit hohem Rand großzügig mit Olivenöl einpinseln. Das Peperonigemüse zuerst in der Form verteilen, mit Auberginenscheiben, Tomaten und Zucchinischeiben auffüllen und mit Tomaten abschließen, wobei jede Lage mit Salz und weißem Pfeffer aus der Mühle gewürzt wird.

3. Für das Kräuteröl die Knoblauchzehen in eine kleine Schüssel pressen, das fein geschnittene Lorbeerblatt sowie die Kräuter dazufügen und mit Olivenöl aufgießen. Die Mischung auf dem Gemüse verteilen und dieses auf der mittleren Rille im vorgeheizten Backofen während einer Stunde bei 180 °C schmoren lassen. Die Kräutermischung darf nie schwarz werden, sodass es ratsam ist, nach ungefähr 30 Minuten eine Alufolie über den Gratin zu legen.

BLAUE TACOS

mit Bohnen, Avocado und Algen-Bacon

„Mich begeistert an der veganen Küche die ‚Aufbruchsstimmung', die zum Beispiel mit der Verwendung von bisher relativ unbekannten Produkten einhergeht. ... die Lust zum Experimentieren und sich ‚neu erfinden'. Vegane Ernährung bedeutet für mich in erster Linie bewusste Ernährung. Produkte mit Zutatenlisten gibt es in meiner Küche nicht." - **Jan Wischnewski**

TACOS

140 g vorgekochtes, blaues Maismehl („nixtamalisiert")
2 Prisen Salz
ca. 140 ml Wasser
1 Dose schwarze Bohnen in Chilisoße (400 ml)
1 Handvoll „Algen-Bacon" (getrockneter roter Lappentang)
etwas Pflanzenöl
1 Avocado
Chiliflocken

8 PORTIONEN
55 MIN.

1. Das Maismehl und 2 Prisen Salz mit ca. 140 ml kaltem Wasser verkneten. Der entstandene Teig sollte weich, aber nicht klebrig sein. Als Test eine kleine Teigkugel flach drücken. Sind die Ränder „brüchig", noch etwas mehr Wasser hinzufügen. Den Teig nun in acht gleich große Portionen à 35 g aufteilen.

2. Eine trockene Pfanne bei mittlerer Temperatur erhitzen. Die Teigportionen zu Kugeln rollen und in einer Tortillapresse flach drücken (am besten beide Hälften der Presse mit Folie bedecken, dann kleben die Tortillas nicht fest). Wer keine Tortillapresse besitzt, umwickelt z. B. zwei Frühstücksbrettchen o. Ä. mit Folie und drückt die Teigkugeln dazwischen flach.

3. Sobald 2-3 kleine Tortillas gepresst sind, diese in der Pfanne von beiden Seiten 1-2 Minuten backen. Fertige Tortillas stapeln und mit einem Tuch bedecken, damit sie nicht austrocknen. Wiederholen, bis alle Tortillas gebacken sind.

4. Die Bohnen erhitzen und grob pürieren, sodass die Soße dicklicher wird. Den „Algen-Bacon" bei hoher Temperatur in einer Pfanne mit heißem Pflanzenöl von beiden Seiten 4-5 Sekunden backen. Der „Bacon" verfärbt sich dabei von rot zu olivgrün und bekommt kleine Bläschen. Den krossen „Bacon" auf Küchenpapier abtropfen lassen.

5. Die Avocado halbieren, entkernen und das Fruchtfleisch im Ganzen mit einem großen Löffel aus den Schalen heben. Die Tacos mit dem Bohnenpüree bestreichen. Die Avocados in Spalten auf dem Bohnenpüree verteilen und mit dem „Algen-Bacon" krönen. Mit Chiliflocken bestreuen.

KOHLRABIFILETS

mit Kartoffel-Brennnessel-Püree & Spargel-Orangen-Soße

„Tierschutz bedeutet für mich in erster Linie, den Tieren auf Augenhöhe zu begegnen und sie als gleichwertige Lebewesen zu betrachten. Der Rest folgt automatisch. Ich liebe alle Arten von Tieren und lebe meinen Tierschutz ganz einfach aktiv durch meine Pflanzenküche aus." - **Sebastian Copien**

KOHLRABIFILETS

2 große Kohlrabis, geschält
Saft von einer halben Limette
3 EL Olivenöl
1 1/2 TL Agavendicksaft
Salz
Pfeffer aus der Mühle
8 Stangen grüner oder weißer Spargel, geschält
1 TL Sesamöl
1 EL Sojasoße
2 TL Sesam
1/2 TL Schwarzkümmel
1/2 TL Koriander, gemahlen

KARTOFFEL-BRENNNESSEL-PÜREE

60 g Haselnüsse
Salz
300 g mehlige Kartoffeln
30 g junge Brennnesselblätter
4 EL Olivenöl plus etwas für die Nüsse
Pfeffer
Muskatnuss, gerieben
Vanille, gemahlen
1 TL Zitronensaft

1. Für das Kartoffel-Brennnessel-Püree die Haselnüsse in eine Schüssel geben. Mit kochendem Wasser übergießen, 1 TL Salz zugeben und 30 Minuten ziehen lassen. In der Zwischenzeit die Kartoffeln mit Schale in einem Topf mit 3 l gesalzenem Wasser 25–30 Minuten weich kochen. Die Brennnesseln in ein Sieb geben, kurz mit kochendem Wasser überbrühen und mit 4 EL Olivenöl, Salz, Pfeffer und etwas Muskatnuss glatt pürieren.

2. Die Seiten jedes Kohlrabis so begradigen, dass je ein rechteckiger Block übrig bleibt. Jeden dieser Blöcke halbieren, sodass 4 große Filets (etwa 2 cm dick) entstehen. Die übrig gebliebenen Kohlrabi-Abschnitte grob raspeln. Den Limettensaft, 2 EL Olivenöl, 1 TL Agavendicksaft, eine Prise Salz und eine gute Prise Pfeffer in einer Schüssel zu einer Marinade verrühren. Die Kohlrabiraspel untermischen und marinieren.

3. Die gekochten Kartoffeln kurz unter kaltem Wasser abschrecken, pellen und durch die Kartoffelpresse drücken.

4. Die Brennnesselpaste untermischen, alles mit Salz und Pfeffer abschmecken und im Ofen bei 70 °C warm halten.

5. Von den Spargelstangen das obere Drittel einschließlich der Spargelspitzen abschneiden und zu den Kohlrabifilets beiseitelegen. Den restlichen Spargel in dünne Scheiben schneiden.

6. Für die Soße in einem kleinen Topf das Olivenöl erhitzen und darin die Zwiebelwürfel glasig anschwitzen. Die Spargelscheiben dazugeben, 3 Minuten mitbraten und dann alles mit Orangensaft ablöschen. Mit Salz, etwas Pfeffer,

SPARGEL-ORANGEN-SOẞE

1 EL Olivenöl

1 Zwiebel, fein gewürfelt

50 ml Orangensaft

1/2 TL Salz

schwarzer Pfeffer aus der Mühle

Zimt

Kreuzkümmel

1 EL weißes Mandelmus

1/2 TL Agavendicksaft

2 PORTIONEN
60 MIN.

Zimt und Kreuzkümmel würzen und alles etwa 7 Minuten sanft köcheln. 1 EL Mandelmus zugeben und alles mit einem Stabmixer glatt pürieren. Mit Salz, Pfeffer und Agavendicksaft abschmecken. Warm halten.

7. In einer Pfanne 1 TL Sesamöl, 1 EL Olivenöl und 1/2 TL Agavendicksaft erhitzen und darin die 4 Kohlrabifilets und die 8 Spargelspitzen von jeder Seite 5 Minuten bei mittlerer Temperatur anbraten. Sobald die Filets eine schöne Röstfarbe angenommen haben, die Spargelspitzen herausnehmen und warm halten. Die Filets mit der Sojasoße ablöschen. Gleichzeitig in einer Pfanne ohne Öl Sesam, Schwarzkümmel und Koriander leicht anrösten. Die gebratenen Kohlrabifilets in dieser Mischung wälzen und die Hülle leicht andrücken.

8. Die eingeweichten Haselnüsse grob hacken oder in einem Mörser zerdrücken. Mit je einer Prise Salz, Pfeffer und Vanille, dem Zitronensaft und etwas Olivenöl vermischen.

9. Zum Anrichten einen Speisering auf jeden Teller setzen. Zunächst eine etwa 0,5 cm dicke Schicht der Haselnussmasse einfüllen und andrücken. Anschließend mit dem Kartoffel-Brennnessel-Püree auffüllen und oben mit einem Löffel eine kleine Mulde formen. Die marinierten Kohlrabiraspel hineingeben. Den Speisering vorsichtig nach oben abziehen. Je ein Kohlrabifilet auf den Püreeturm setzen, das zweite diagonal halbiert zusammen mit den Spargelspitzen daneben anrichten. Mit der Soße beträufeln.

TIPP: Anstelle des Kohlrabis kann auch anderes Gemüse verwendet werden. Besonders gut schmecken Kürbis, Fenchel und Rettich.

DAS SCHWEIN

Das Vorurteil, dass Schweine dreckig und dumm sind, ist falsch. Das Schwein gehört nicht nur zu den intelligentesten Säugetieren, sondern ist dabei auch noch sehr reinlich. Einige Expert*innen schätzen die Intelligenz der Tiere höher ein als die von Hunden und Katzen. Genauso wie Elefanten, Delfine und Primaten erkennen sich Schweine im Spiegel und besitzen daher offensichtlich eine Form von Selbstbewusstsein.

•••

Ist ihr Körper von oben bis unten mit Schlamm bedeckt, bedeutet das nicht, dass die Tiere einfach nur gerne dreckig sind. Es hat einen Sinn: Schweine suhlen sich im kühlen und feuchten Matsch, um ihre Körpertemperatur zu regulieren, weil sie nicht schwitzen können. Als angenehmer Nebeneffekt schützt der getrocknete Schlamm die Schweine anschließend vor Insekten und Parasiten.

•••

Und noch etwas zum Thema Dreck: In freier Natur würden Schweine ihre Schlaf- und Fressplätze niemals beschmutzen. Ihr Geschäft erledigen sie weiter entfernt, an einem eigens dafür vorgesehenen Kot- und Harnplatz.

TOMATEN MIT KICHERERBSENFÜLLUNG

„Tierfreund seit meiner frühen Kindheit, propagierte ich in meinen Seminaren immer vegetarische Kost. Seit 2011 empfehle ich aufgrund neuer wissenschaftlicher Studien die pflanzlich-vollwertige Kost von ‚Peace-Food'. Als Arzt ging ich mit ‚Geheimnis der Lebensenergie' noch weiter. ‚Das Lebensenergie-Kochbuch' bringt den letzten Stand der für Mensch, Tier und Umwelt gesündesten Ernährung."

- Dr. Ruediger Dahlke

GEFÜLLTE TOMATEN

2 große Fleischtomaten (à ca. 200 g)
je 1 Stängel Petersilie und Basilikum, frisch
1/2 weiße Zwiebel
1/2 Knoblauchzehe
100 g gelbe oder rote Paprikaschote
3 EL Olivenöl
1 getrocknete Tomate (Glas)
120 g Kichererbsen (Dose, Abtropfgewicht)
1 EL Tomatenmark
Salz
Pfeffer aus der Mühle

1. Den Backofen auf 180 °C vorheizen.

2. Die Tomaten waschen, jeweils einen Deckel abschneiden. Kerne mit einem Teelöffel herauskratzen. Petersilie und Basilikum waschen, verlesen und die Blätter fein hacken.

3. Für die Füllung Zwiebel und Knoblauch abziehen und fein würfeln. Paprikaschote waschen, putzen und das Fruchtfleisch klein schneiden. 1 EL Öl in einer Pfanne erhitzen und Zwiebel und Knoblauch darin andünsten. Paprikawürfel dazugeben, kurz mitdünsten und beiseitestellen. Die getrocknete Tomate fein würfeln. Kichererbsen auf einem Sieb abgießen. Mit dem Zwiebel-Knoblauch-Paprikagemisch sowie dem Tomatenmark in einer Schüssel gut vermengen, 2 EL Öl unterrühren und mit Salz und Pfeffer würzen. Die Tomaten mit der Masse füllen und die Deckel darauf setzen.

4. Jede Tomate einzeln auf ein quadratisches Stück Backpapier setzen, überschüssige Füllung rundherum verteilen und das Papier über den Tomaten wie ein Bonbon zusammendrehen. Die Päckchen in eine hitzebeständige Auflaufform geben und im Ofen ca. 15 Minuten schmoren lassen.

TIPP: Zum Servieren die Päckchen auf Teller geben und erst am Tisch öffnen.

OFENGEMÜSE

mit Wintertrüffel und Waldkresse

„Die Arbeit des Deutschen Tierschutzbundes halte ich für sehr bedeutend. Engagement zu unterstützen, das sich um das Wohl der Tiere dreht, ist für mich eine Ehrensache. Mit diesem Kochbuch habe ich als Koch die Möglichkeit, andere Menschen durch meine veganen Rezepte anzuregen, einmal ohne tierische Produkte gesund und abwechslungsreich zu kochen." - **Jean-Marie Dumaine**

OFENGEMÜSE

von jedem Gemüse etwa 250 g:
1 schwarzer Rettich mit
1 TL Korianderkörnern
1 Kohlrabi mit 1 Nelke gespickt
1 Pastinakenwurzel mit
1 TL Espelette-Paprika
1 Steckrübe mit 1 TL Kümmel
1 Rote Beete mit 1 TL Szechuan-pfeffer, frisch gemahlen
2 Karotten mit 1 TL Sumach
2 Blaue Kartoffeln mit
Muskatnuss, gerieben
1 kleine Sellerieknolle mit
Chilischote
1 Speiserübe (Navet)
mit 1 TL Senfkörnern
2 Zwiebeln mit
1 TL Korianderkörnern

VINAIGRETTE

40 g Waldkresse
50 ml Weinessig
100 ml Olivenöl
Meersalz
Pfeffer aus der Mühle
Fleur de Sel
Wintertrüffel

1. Das Gemüse waschen und putzen, aber nicht schälen. Mit dem jeweils angegebenen Gewürz würzen und einzeln in Alufolie wickeln. Bei 160 °C im vorgeheizten Backofen garen. Nach 20 Minuten prüfen, ob das erste Gemüse gar ist und herausnehmen, dann alle weiteren 10 Minuten mit der Spicknadel den Garzustand prüfen und das fertig gegarte Gemüse aus dem Ofen nehmen.

2. Für die Vinaigrette die Waldkresse von den Stielen streifen. Die Stiele in Weinessig auskochen, abkühlen lassen und den Essig durch ein Sieb gießen.

3. Die Waldkresseblätter mit Essig und Öl pürieren, durch ein Sieb streichen und mit Meersalz und Pfeffer abschmecken.

4. Das lauwarme Gemüse aus der Alufolie nehmen, schälen und in Spalten oder Viertel schneiden (von jedem Gemüse 10-15 g pro Person). Sternförmig auf Tellern verteilen, die Rote Beete zuletzt dazulegen, da sonst ihr Saft die Teller und das übrige Gemüse verfärbt.

5. Das Gemüse mit der Waldkresse-Vinaigrette beträufeln und mit etwas Fleur de Sel bestreuen. Am Tisch den Trüffel frisch auf das Gericht hobeln.

TIPP: Für einen delikaten und intensiven Geschmack am besten Biogemüse verwenden.

8 PORTIONEN
45 MIN.

HOT CHILIBURGER

mit gebackenen Kürbisspalten

„Ich unterstütze dieses Buchprojekt, damit die vegane Lebensweise vielen Menschen nahegebracht wird. Denn vegan hat nichts mit Verzicht zu tun, sondern ist für mich als Profikoch eine Erweiterung der kulinarischen Genüsse." - **Jérôme Eckmeier**

KÜRBISSPALTEN

1 Hokkaido-Kürbis (ca. 1 kg)
3 EL Olivenöl
1/2 TL Paprikapulver, edelsuß
1/2 TL Currypulver, mild
1/2 TL Zwiebelgranulat
Fleur de Sel, frisch
schwarzer Pfeffer, gemahlen
je 2 Zweige Thymian und Rosmarin

BURGER

2 rote Zwiebeln
1 Knoblauchzehe
3 getrocknete Tomaten (in Öl)
1 Dose Kidneybohnen (200 g), abgetropft
100 g Dosenmais, abgetropft
4 EL Olivenöl
1/2 TL Cayennepfeffer
Salz
80 g Semmelbrösel
2 EL Cornflakes
1 gehäufter EL Sojamehl
4 Burgerbrötchen
2 Tomaten
1 Handvoll Rucola
2 eingelegte Gurken, süßsauer

1. Den Backofen auf 220 °C Umluft vorheizen. Den Kürbis der Länge nach halbieren und die Kerne herauskratzen. Das Kürbisfleisch mit einem Messer in Spalten schneiden und diese halbieren.

2. Olivenöl, Paprikapulver, Currypulver, Zwiebelgranulat, Fleur de Sel und Pfeffer zu einer Marinade vermengen. Die Kürbisstücke mit der Marinade in einen Frischhaltebeutel füllen, diesen oben mit einer Hand verschlossen halten und alles kräftig durchschütteln, bis der Kürbis rundherum von der Marinade überzogen ist. Die Spalten auf einem mit Backpapier ausgelegten Backblech gleichmäßig verteilen und im Ofen auf der mittleren Schiene etwa 15 Minuten backen, bis sie leicht gebräunt sind. Mit Thymian- und Rosmarinblättchen bestreuen.

3. In der Zwischenzeit eine Zwiebel und den Knoblauch schälen und in feine Würfel schneiden. Die getrockneten Tomaten auf Küchenpapier abtropfen lassen und grob hacken. Die Zwiebel- und Knoblauchwürfel sowie Tomaten, Bohnen, Mais, 2 EL Olivenöl, Cayennepfeffer und Salz mit dem Stabmixer pürieren. Semmelbrösel, Cornflakes und Sojamehl hinzufügen und alles zu einem homogenen Teig verkneten. Bei Bedarf mehr Olivenöl oder mehr Semmelbrösel zugeben.

4. Mit angefeuchteten Händen die Masse zu gleich großen Burger-Patties formen und diese in einer Pfanne mit dem restlichen Olivenöl bei mittlerer Hitze von jeder Seite 5 Minuten braten.

5. Kurz vor dem Servieren die Burgerbrötchen aufschneiden und im heißen Ofen 1–2 Minuten mitrösten. Die restliche Zwiebel schälen und in Ringe schneiden. Tomaten waschen und ohne Stielansatz in Scheiben schneiden.

Rucolablättchen abzupfen. Gurken in Scheiben schneiden.

6. Die Burgerbrötchen mit den Patties und übrigen Zutaten nach Wunsch belegen und noch warm mit den gebackenen Kürbisspalten servieren.

TIPP: Dazu passt sehr gut vegane Knoblauchsoße.

*„Sonne, Wind und Regen spüren, frei sein von Schmerzen und Angst – das ist nichts, was nur uns Menschen gebührt. Wir alle haben auf diesem Planeten nur dieses eine Leben, das gilt für Mensch und Tier gleichermaßen. Und dabei sind wir diejenigen, die den Tieren dieser Welt eine Stimme geben können. Jede*r Einzelne hat es in der Hand, ob sie oder er in seinem Leben auf dieser Erde etwas verändern möchte. Ich habe mich schon vor langer Zeit entschieden. Vegan leben bedeutet für mich, mich tagtäglich dafür einzusetzen, dass auch andere Menschen ihre Gleichgültigkeit ablegen und Mitgefühl unseren Umgang mit Tieren bestimmt."*

– Verena Jungbluth, Chefredakteurin und Leitung Veganismus beim Deutschen Tierschutzbund

GEFÜLLTE PAPRIKA

mit Couscous

„Je weniger Fleisch konsumiert wird, desto besser ist es für uns alle. Ich glaube nicht daran, dass man alle Menschen zum Veganismus bekehren kann – das muss ohnehin jeder für sich selbst entscheiden – aber ich glaube an Aufklärung und Sensibilisierung. Es wäre schon ein Erfolg, wenn Menschen ihre Essgewohnheiten überdenken und ihren Fleischkonsum einschränken beziehungsweise auf ein- bis zweimal die Woche reduzieren würden." **- Parvin Razavi**

GEFÜLLTE PAPRIKA

1 Zwiebel, fein gehackt
2-3 EL Olivenöl
1 Knoblauchzehe, gepresst
1 EL Tomatenmark
350 ml Gemüsebrühe
200 g Couscous
Salz
10 Kirschtomaten, halbiert
1 Bund (40 g) Petersilie, fein gehackt
3 Paprika, längs halbiert und Kerngehäuse entfernt
Pfeffer

3 PORTIONEN
45 MIN.

1. Zwiebel in etwas Öl glasig dünsten und Knoblauch kurz mit anbraten.

2. Tomatenmark in die Zwiebel-Knoblauch-Mischung geben und mit 100 ml Gemüsebrühe aufgießen.

3. Couscous in eine Schüssel geben und mit 1/2 TL Salz vermischen.

4. 250 ml heiße Gemüsebrühe über den Couscous gießen und zugedeckt 5 Minuten quellen lassen.

5. Mit einer Gabel auflockern und mit den Kirschtomaten und der Petersilie vermengen.

6. Die Paprikahälften in eine ofenfeste Form legen, etwas salzen und mit Couscous füllen. Mit etwas Pfeffer würzen.

7. Restliche Gemüsebrühe in die Form gießen und bei 180 °C im vorgeheizten Backrohr etwa 20 Minuten – oder bis die Paprika zwar weich, aber noch gut in Form sind – fertig backen.

TIPP: Mit Joghurt-Alternative auf Pflanzenbasis servieren.

MINDFUL MAC'N'CHEEZE

„‚Manchmal sollte man sich lieber Nudeln statt Sorgen machen.' – Unknown" –
Heather Donaldson und Flippo Riedel, Pink Elephant Cooking

SOßE

50 g getrocknete Kichererbsen, eingeweicht
oder Cannellini-Bohnen aus der Dose
50 g Cashewkerne, eingeweicht
200 ml Pflanzendrink
4 EL Hefeflocken
1 gestr. EL mittelscharfer Senf
1 TL helle Misopaste
1 Prise Muskat
1–2 TL Salz nach Belieben
Pfeffer nach Belieben
2 Handvoll Babyspinat

AUßERDEM

200 g Nudeln
etwas Salz

2 PORTIONEN
15 MIN. + EINWEICHEN

1. Für die Soße die Kichererbsen am besten über Nacht einweichen und anschließend weich kochen oder die Cannellini-Bohnen in ein Sieb geben, mit kaltem Wasser abspülen und abtropfen lassen. Cannellini-Bohnen aus der Dose können nach dem Abtropfen direkt verwendet werden. Die Cashewkerne für drei Stunden in Wasser einweichen und anschließend abtropfen lassen.

2. Den Pflanzendrink leicht erhitzen, mit allen anderen Zutaten für die Soße außer dem Babyspinat in einen Mixer geben und zu einer gleichmäßigen Masse mixen.

3. Die Nudeln nach Packungsangabe kochen und das Wasser dabei nicht zu stark salzen, da es noch in die Soße kommt. Beim Abgießen eine Tasse Nudelwasser auffangen.

4. Die gekochten Nudeln mit der Soße vermengen und etwas Nudelwasser hinzugeben, bis die gewünschte Cremigkeit erreicht ist. Schließlich den Babyspinat unterheben.

TIPP: Für jedes Pastagericht gibt es die richtige Nudelform – für die Mindful Mac'n'Cheeze passen Hörnchennudeln besonders gut. Ein klassisches Topping sind geröstete Semmelbrösel, die gerne auch in etwas Knoblauch geschwenkt wurden.

KARTOFFEL-KÜRBIS-GULASCH

> *„Tierschutz sollte für jeden eine Selbstverständlichkeit sein. Alle, die sich vegan ernähren, tragen bereits täglich ganz nebenbei ihren Teil dazu bei.“*
>
> **- Yvonne Hölzl-Singh**

GULASCH

2 mittelgroße Zwiebeln
2 Knoblauchzehen
2 EL Kokosöl
2 TL Paprikapulver
1/2 - 1 TL Kümmel
1 TL Majoran, getrocknet
1 Lorbeerblatt
500 g Kartoffeln
1 kleiner Kürbis (netto etwa 350 g)
2 Spritzer Apfelessig
3 EL Tomatenmark
1 1/2 TL Himalaya-Salz
700 ml Wasser

4 PORTIONEN
40 MIN.

1. Zwiebeln und Knoblauch schälen und kleinwürfelig schneiden.

2. Die Zwiebel in heißem Kokosöl anbraten. Etwa 2 Minuten später die Knoblauchwürfel ebenfalls in die Pfanne geben und braten, bis die Zwiebel glasig ist. Paprika, Kümmel, Majoran und das Lorbeerblatt zur Zwiebelmischung geben und noch 2 Minuten braten.

3. In der Zwischenzeit Kartoffeln und Kürbis schälen und in mundgerechte Würfel schneiden. Je nach Kürbissorte kann – wie zum Beispiel beim Hokkaido – die Schale auch dran gelassen werden.

4. Die Zwiebelmischung mit Apfelessig ablöschen und das Tomatenmark, die Kartoffeln, den Kürbis, Salz und Wasser dazu geben.

5. Etwa 30-35 Minuten auf kleiner Flamme köcheln. Zwischendurch ab und zu umrühren und kontrollieren, ob noch genügend Flüssigkeit vorhanden ist. Gegebenenfalls noch etwas Flüssigkeit beigeben.

ZÜRI-GESCHNETZELTES

„Als ältestes vegetarisches Restaurant der Welt (gemäß Guinness World Records) kochen wir im Hiltl seit 1898 ausschließlich vegetarisch und seit vielen Jahren auch vegan. Und glücklicherweise – ganz anders als noch vor 120 Jahren – verkörpern diese beiden Ernährungsformen heute nicht mehr Verzicht, sondern modernes, bewusstes Genießen mit Stil. In diesem Sinne: Enjoy!" - **Rolf Hiltl**

GESCHNETZELTES

400 g Champignons
1 Zwiebel
500 g Seitan
3 EL Olivenöl
200 ml Weißwein
1 Schuss Cognac
250 ml Rotweinsoße
300 ml pflanzliche Soßencreme
Salz
Pfeffer aus der Mühle
Saft einer Zitrone
2 Zweige Petersilie

ROTWEINSOßE

2 kleine Karotten
100 g Knollensellerie
1 Zwiebel
1 EL Olivenöl
30 g Tomatenpüree
je 1 Zweig Majoran, Oregano, Thymian, Rosmarin
1 Nelke
2 Lorbeerblätter
1 TL schwarze Pfefferkörner

1. Für die Rotweinsoße die Karotten und den Sellerie schälen und alles in kleine Würfel schneiden. Die Zwiebel schälen und fein hacken. Das Öl in einem Topf erhitzen und das Gemüse darin bei mittlerer bis hoher Hitze rundherum sehr gut anbraten – es darf leicht braun werden.

2. Das Tomatenpüree, die Kräuter, Gewürze und den Zucker unterrühren und nochmals gut anbraten. Den Rotwein beifügen und 1 Stunde köcheln lassen, bis die Soße auf 500 ml reduziert ist.

3. Die Rotweinsoße durch ein Sieb passieren und wieder in den Topf zurückgeben. Die Bouillon hinzugeben, aufkochen und nochmals 20 Minuten köcheln lassen, bis die Soße auf 900 ml reduziert ist. Mit Salz und Pfeffer abschmecken.

TIPP: Die Rotweinsoße ist heiß abgefüllt und verschlossen im Schraubglas eine Woche im Kühlschrank haltbar. Sie lässt sich auch prima einfrieren.

4. Die Champignons putzen und blättrig schneiden. Die Zwiebel schälen und fein hacken. Das Seitan in sehr dünne Streifen schneiden oder hobeln.

5. 2 EL Olivenöl in einer Bratpfanne erhitzen und die Seitanstreifen darin kräftig anbraten, in eine Schüssel geben und beiseitestellen. Das übrige Öl in die Pfanne geben und die gehackten Zwiebeln darin bei mittlerer Hitze anbraten – sie sollen Farbe annehmen, aber nicht verbrennen. Dann die Pilze beifügen und mitbraten.

2 TL Rohzucker

1 l Rotwein

1 l Gemüsebouillon

Salz

Pfeffer aus der Mühle

AUßERDEM

Rösti als Beilage (optional)

4 PORTIONEN
50 MIN.
+2 STD.

6. Mit Weißwein und Cognac ablöschen, unter Rühren einkochen lassen. Die Rotweinsoße und pflanzliche Soßencreme dazugeben und zur gewünschten Konsistenz einkochen.

7. Zum Schluss das angebratene Seitan dazugeben, mit Salz, Pfeffer und Zitronensaft abschmecken. Die Petersilie waschen, trocken schütteln und fein hacken. Als Garnitur darüberstreuen. Gerne mit Rösti servieren.

TIPP: Je länger die Pilzsoße einkochen kann, desto feiner schmeckt sie. Anstelle von Soßencreme kann man auch Sojarahm oder andere pflanzliche Rahmprodukte verwenden.

DIE GANS

Während die am Himmel vorbeiziehenden Wildgänse und die Freundschaft der Romanfigur Nils Holgersson mit den Gänsen Akka und Martin bei vielen Menschen schöne Assoziationen hervorrufen, leiden die meisten Gänse unter dem Stempel des sogenannten Nutztiers.

•••

Gemeinsam mit Schweinen, Kühen und Hühnern teilen sich die Tiere die menschliche Beleidigung, als dumm zu gelten. Seit Generationen bezeichnen Menschen das Mitteilungsbedürfnis der Gänse als blödes Geschnatter. Dabei gibt es keinen Grund, die Tiere als dumm zu bezeichnen. Vielleicht sind Gänse ein bisschen geschwätzig, aber ihr Geschnatter ist vor allem überlebenswichtig. Die Tiere reagieren sensibel auf ihre Umwelt und warnen ihre Artgenossen zuverlässig bei Gefahr.

•••

Gänse erkennen sich gegenseitig am individuellen Ruf und sind auch fähig, Menschen wiederzuerkennen. Darüber hinaus sind die Tiere hochsozial: Sie gehen lebenslange Partnerschaften ein und sind im Alltag durch einen starken Familienzusammenhalt verbunden. So teilen sich Gans und Ganter nicht nur ihr Leben, sondern auch die Aufzucht ihrer Küken.

ZUCCHINIQUICHE

mit roten Zwiebeln

„Ich unterstütze das Projekt, weil es gar nicht genug vegane Kochbücher geben kann!"

- Nicole Just

BODEN

5 EL Pinienkerne
270 g Vollkornmehl (Weizen oder Dinkel)
1 EL Leinsaat, geschrotet
1 gestr. TL Salz
etwas Pfeffer
1 gestr. TL Backpulver
5 EL Leinöl
200 ml lauwarmes Wasser
1 EL Pflanzenöl für die Form oder Backpapier

BELAG

1 mittlere gelbe Zucchini
2 mittlere rote Zwiebeln
1/2 TL Salz
3 Zweige Bubikopf-Basilikum
Pfeffer aus der Mühle
essbare Blüten,
z.B. Minzblüten (optional)

SOßE

4 Zweige Oregano
6 Stiele Petersilie
100 g Cashewmus
2 EL Hefeflocken
1 TL Salz
1 TL Apfel- oder Weißweinessig
200 ml Wasser

TARTEFORM
30 MIN. +
BACKEN

1. Den Backofen auf 200 °C vorheizen (Umluft: 180 °C, Gasherd: Stufe 3). Für den Boden die Pinienkerne in einer Pfanne ohne Öl rundherum goldbraun rösten, danach abkühlen lassen und grob hacken. Die Kerne dann mit Mehl, Leinsaat, Salz, Pfeffer und Backpulver mischen. Leinöl und 200 ml lauwarmes Wasser verquirlen, zugeben und alles mit dem langen Stiel eines Holzlöffels rühren, bis die Flüssigkeit in die trockenen Zutaten eingearbeitet und das gesamte Mehl gebunden ist.

2. Die Tarte- oder Springform (Ø 26 cm) fetten oder mit Backpapier auslegen. Anschließend den Teig ebenfalls auslegen, dabei einen ca. 2 cm hohen Rand formen. Den Boden mit einer Gabel einstechen und im Ofen 5 Minuten vorbacken.

3. In der Zwischenzeit die Zucchini waschen und in 1 mm dicke Scheiben hobeln oder schneiden. Die Zwiebeln schälen und in Spalten oder Ringe schneiden.

4. Für die Soße die Kräuter abspülen, trocken schütteln, Blättchen abzupfen und fein hacken. Das Cashewmus mit Hefeflocken, Salz, Essig und 200 ml Wasser fein pürieren. Die Kräuter einrühren.

5. Den vorgebackenen Boden gegebenenfalls mit einem Küchentuch leicht herunterdrücken. Die Soße daraufgießen und gleichmäßig verteilen. Die Zucchinischeiben und Zwiebelspalten im Wechsel kreisrund überlappend auf den Boden legen. 1/2 TL Salz auf dem Belag verteilen. Die Zucchini-Quiche bei gleicher Temperatur in weiteren ca. 45 Minuten fertig backen.

6. Zum Schluss das Basilikum auf der Quiche verteilen. Mit frisch gemahlenem Pfeffer aus der Mühle und essbaren Blüten nach Belieben dekorieren.

WARUM VEGAN? WEIL PUTEN DANN …

… an versteckten Plätzen ihre Nester in Bodenmulden bauen könnten, in denen die Jungen nach 28 Tagen schlüpfen und dann bis zum nachfolgenden Frühjahr bei ihrer Mutter bleiben würden.

... im Balztanz mit stolzierenden Bewegungen, lauten, kollernden Rufen und kraftvollen Flügelschlägen die Hennen auf sich aufmerksam machen könnten.
... IM WALD LEBEN UND SICH DORT VON FRÜCHTEN, SAMEN, WÜRMERN, SCHNECKEN UND INSEKTEN ERNÄHREN KÖNNTEN.
... IHR LEBEN GENIEßEN KÖNNTEN – UND DAS BIS AN IHR LEBENSENDE.

SRI-LANKISCHES JACKFRUCHT-CURRY

„Mit Essen kann man Gefühle erzeugen und Gespräche entfachen.“ - **Justin P. Moore**

CURRY

350 g junge grüne Jackfrucht (ungesüßt, aus der Dose)
2 EL Pflanzen- oder Kokosöl
1 mittelgroße rote Zwiebel, gehackt
2 Knoblauchzehen, fein gehackt
1 grüne oder rote Chilischote, entsamt und fein gehackt
1 TL Currypulver
1/2 TL Kreuzkümmel, gemahlen
1/2 TL Koriander, gemahlen
1/2 TL schwarzer Pfeffer, gemahlen
1/2 TL Chili- oder Paprikapulver
3/4 TL Kurkuma, gemahlen
2 kleine Stückchen Zimtrinde
6-8 Curryblätter
2 Lorbeerblätter
1-2 EL Limetten- oder Zitronensaft
1 EL Agavendicksaft (oder Zucker)
3/4 TL Meersalz
240 ml Kokosmilch
120 ml Wasser (bei Bedarf mehr)

AUßERDEM

frisches Koriandergrün, gehackt
Chilischoten, Radieschen- oder Rote Bete Sprossen (optional)

1. Jackfrucht aus der Dose abgießen und spülen. In Würfel oder Streifen schneiden.

2. In einem Topf Öl auf mittlerer Flamme erhitzen. Zwiebel, Knoblauch, Chili (falls verwendet), Currypulver, Kreuzkümmel, Koriander, schwarzen Pfeffer, Chili- oder Paprikapulver, Kurkuma, Zimtrinde sowie Curry- und Lorbeerblätter hineingeben. 3-5 Minuten unter Rühren anbraten, bis die Zwiebel weich wird.

3. Jackfruchtstücke, Limetten- oder Zitronensaft, Agavendicksaft (oder Zucker) und Salz zugeben und gut umrühren. Weitere 3-5 Minuten unter Rühren braten.

4. Kokosmilch zugießen und mehrere Male umrühren. Zum Kochen bringen. Flamme niedrig stellen und halb abgedeckt unter regelmäßigem Rühren 12-15 Minuten köcheln, bis die Jackfruchtstücke weich werden und beginnen, zu zerfallen. Für ein dünneres Curry während des Kochens je nach Bedarf nach und nach Wasser (oder Kokosmilch) einrühren.

5. Vor dem Servieren Zimtrinde und Lorbeerblätter entfernen.

6. Mit frisch gehacktem Koriandergrün, Chilischoten oder Sprossen garnieren und mit Reis servieren.

3-4 PORTIONEN
30 MIN.

REISPUFFER

mit Dattelratatouille

„Seit mehreren Jahrzehnten kämpfe ich für die Rechte aller Lebewesen und propagiere daher eine rein pflanzliche Ernährung. Diese Art der Ernährung ist für mich nicht nur die logischste, sondern auch gewaltfreieste, nachhaltigste und gesündeste Ernährung. Wir müssen unseren Konsum überdenken, da wir nicht nur auf Kosten der Tiere, sondern auch der Natur und vor allem uns selbst leben."

- Björn Moschinski

REISPUFFER

100 g Reis
Salz
1 Karotte
1/2 Zwiebel
2 EL Walnussöl
30 g Walnüsse
Pfeffer
40 g Mehl
1/4 TL Backpulver
40 g pflanzliche Schmelzkäse-Alternative
75 ml Sojadrink, ungesüßt
4 EL Rapsöl zum Braten

RATATOUILLE

3 Tomaten
1 Aubergine
1 Zucchini
Saft von einer halben Zitrone
1 Zwiebel
2 Paprikaschoten
100 g Datteln, getrocknet
2 EL Olivenöl zum Braten
2 Zweige Thymian
Salz
Pfeffer

1. Den Reis waschen und in einem Topf mit reichlich Salzwasser weich kochen.

2. Für das Ratatouille einen Topf mit Wasser aufsetzen und zum Kochen bringen. Die Tomaten waschen und von den Stielansätzen befreien. Ein Kreuz in die Haut ritzen und für 10-15 Sekunden in das kochende Wasser tauchen. Anschließend die Tomaten in kaltem Wasser abschrecken, von der Haut befreien, entkernen und in feine Würfel schneiden.

3. Die Aubergine und Zucchini waschen, die Enden abschneiden und der Länge nach vierteln. Das weiche Innere entfernen, den Rest in feine Würfel schneiden und mit dem Zitronensaft vermischen. Die Zwiebel schälen, die Paprikaschoten entkernen und beides ebenfalls in feine Würfel schneiden. Die Datteln entkernen und in Streifen oder Ringe schneiden.

4. Für die Reispuffer die Karotte sowie die Zwiebel schälen und beides in feine Würfel schneiden. Den gekochten Reis abkühlen lassen und in der Zwischenzeit das Walnussöl in einem Topf erhitzen. Die Karotte und Zwiebel im Walnussöl glasig dünsten und anschließend die grob zerstoßenen Walnusskerne dazugeben. Mit etwas Salz und Pfeffer würzen, unter den Reis mischen und abkühlen lassen.

5. Anschließend die restlichen Zutaten zum Reis geben und mit dem Sojadrink zu einem zähen Teig mischen. Diesen mit Salz und Pfeffer abschmecken.

6. In zwei Pfannen das Bratöl erhitzen. Zuerst in einer Pfanne die Zwiebel- und Auberginenwürfel im Olivenöl anbraten. Anschließend Zucchini, Paprika, Tomaten, Datteln und Thymian dazugeben, anbraten und mit Salz und Pfeffer abschmecken. In der zweiten Pfanne die Reispuffer bei mittlerer Temperatur im

Kräuter, Schwarzer Sesam, Radieschen- oder Rote Bete Sprossen (optional)

4 PORTIONEN
45 MIN.

Rapsöl ausbacken und anschließend auf Küchenpapier abtropfen lassen. Alles noch heiß auf Tellern anrichten und sofort servieren.

TIPP: Reispuffer sind eine schnelle und tolle Mahlzeit und bieten sich immer an, wenn Reis vom Vortag übrig geblieben ist.

*„Für viele Menschen gehört es immer noch zum ganz normalen Alltag, Tiere aufzuessen. Diese Menschen müssen wir erreichen. Informationen und positive Alternativen kommen da oft besser an als Forderungen oder gar Vorwürfe. Das war unsere Motivation für dieses besondere Kochbuch. Schon ein erstes Durchblättern macht Appetit. Und jede Person, die hier ihre Lieblingsgerichte findet, wird ganz nebenbei aktive*r Tierschützer*in. In meinem Freundes- und Bekanntenkreis jedenfalls wächst die Zahl derjenigen, die sich auf ein leckeres veganes Menü bei mir freuen und bei der Gegeneinladung immer öfter selber vegan Hand anlegen."*

– **Dr. Brigitte Rusche**, Vizepräsidentin des Deutschen Tierschutzbundes

GEKEIMTE SCHUPFNUDELN

mit Tempeh-Pilz-Ragù und Gomashio

„Jeder von uns hat die Gelegenheit, aktiv mit Messer und Gabel für mehr Umweltschutz, soziale Gerechtigkeit und Tierleidminderung einzutreten. Eine gut geplante vegane Ernährung vereint alle diese Ansprüche mit gutem Geschmack und das vorliegende Buch liefert dazu die passenden Rezepte. Von daher freue ich mich sehr, dass der Deutsche Tierschutzbund dieses großartige Kochbuchprojekt gestartet hat und es ist mir eine Ehre, ein Teil davon zu sein.“ - **Niko Rittenau**

SCHUPFNUDELN

1 kg mehlig kochende Kartoffeln (am Vortag gekocht)
jodiertes Speisesalz
150 g gekeimtes Vollkorn-Dinkelmehl (alternativ Vollkornmehl)
100 g Dinkelgrieß (wenn nicht vorhanden Weizengrieß)
50 g Kartoffelstärke
Pfeffer aus der Mühle
1 Prise Muskatnuss, frisch gemahlen
Mehl für die Arbeitsfläche

RAGÙ

1 mittelgroße Aubergine
60 ml mildes Olivenöl
jodiertes Speisesalz
Pfeffer, frisch gemahlen
1 mittelgroße rote Zwiebel
1 mittelgroße Karotte
1 Stange Stangensellerie
8 Salbeiblätter
2 Knoblauchzehen
2 TL Oregano, getrocknet
kleiner Bund Petersilie
6 Zweige Thymian
3 Zweige Rosmarin
2 TL Paprikapulver, edelsüß

1. Für die Schupfnudeln die Kartoffeln am Vortag waschen, in einen Topf mit gesalzenem Wasser geben, aufkochen lassen und bei mittlerer Hitze etwa 25 Minuten gar kochen. Die Kartoffeln abgießen und über Nacht offen ausdampfen lassen.

2. Am Tag darauf die Kartoffeln durch eine Kartoffelpresse drücken und bitte auf keinen Fall pürieren, das ergibt sonst eine zu klebrige Masse. Die gepresste Kartoffelmasse in einer großen Schüssel mit (gekeimtem) Dinkelmehl, Dinkelgrieß und Kartoffelstärke vermengen und mit Salz, Pfeffer und Muskatnuss abschmecken.

3. Kartoffelteig auf einer leicht bemehlten Arbeitsfläche fingerdick ausrollen, kleine Stücke abschneiden und mit der Hand zu Schupfnudeln formen (siehe Bild). Die fertig geformten Schupfnudeln ausgebreitet etwa 15 Minuten ruhen lassen.

4. Reichlich Salzwasser in einem großen Topf aufkochen und die Schupfnudeln in das mäßig kochende Wasser geben. Sobald sie im Wasser aufsteigen, sind sie gar. Mit einer Schaumkelle herausnehmen, mit kaltem Wasser abschrecken (dadurch werden sie noch einen Tick bissfester) und gut in einem Sieb abtropfen lassen.

5. Für das Ragù den Ofen auf 180 °C vorheizen. Die Aubergine auf eine ausreichend große Alufolie legen, um sie darin komplett einwickeln zu können. Vor dem Einwickeln die ganze Aubergine längs und quer einschneiden und mit 1 TL Olivenöl, Salz und Pfeffer würzen. Dann lose in die Folie wickeln, auf einem Backofenrost in mittlerer Höhe platzieren und 45-60 Minuten garen, bis die Aubergine komplett weich ist.

200 ml trockener Rotwein
2 Lorbeerblätter, getrocknet
200 g braune Champignons
100 g Tempeh
3 EL Tomatenmark
2 EL Shiro Miso
2 EL salzreduzierte Sojasoße
350 g passierte Tomaten im Glas
100 ml Mandeldrink, ungesüßt
10 Basilikumblätter
Gomashio und Kräuter

6. Währenddessen Zwiebel, Karotte und Stangensellerie waschen, in sehr feine, 3-5 mm kleine Würfel schneiden und in 3 EL Olivenöl in einer großen Pfanne anbraten. Für etwa 5 Minuten ohne Bräunung anbraten und fein geschnittenen Salbei, Knoblauch, Oregano, Petersilie, Thymian, Rosmarin und Paprikapulver hinzugeben und kurz mitbraten. Anschließend mit dem gesamten Rotwein ablöschen und Lorbeerblätter hinzugeben. Etwa 5 Minuten kochen, bis die Flüssigkeit des Rotweins komplett verdampft ist. Währenddessen die Champignons und den Tempeh in sehr feine 5-7 mm kleine Würfel schneiden und zur Seite stellen. Wenn der Rotwein verdampft ist, das Gemüse in einen großen Soßentopf umfüllen und zur Seite stellen. Die Pfanne dabei gründlich leeren und mit einem Tuch grob auswischen.

7. Das restliche Olivenöl in die Pfanne geben und die erste Hälfte des fein geschnittenen Tempeh-Pilz-Gemisches darin leicht braun anbraten, bis die austretende Flüssigkeit der Champignons verdunstet ist. Dann das Gemisch in den Soßentopf zum Gemüse geben und die zweite Hälfte Tempeh-Champignons in die Pfanne geben. Wenn erneut die Flüssigkeit der Champignons verdunstet ist, das Tomatenmark und die Misopaste hinzugeben, kurz miträsten und mit Sojasoße ablöschen. Anschließend die passierten Tomaten hinzugeben und mit Hilfe dieser hinzugefügten flüssigen Tomaten eventuell angesetzte Bratrückstände am Pfannenboden mit einem Holz- oder Kunststoffkochlöffel vorsichtig abschaben. Dann die Tempeh-Pilz-Mischung aus der Pfanne in den Topf zum Gemüse geben.

8. Sobald die Aubergine nach 45-60 Minuten gar ist, diese aus dem Ofen nehmen, die Folie öffnen und auskühlen lassen. Wenn sie etwas abgekühlt ist, die Haut aufschneiden, das Fruchtfleisch mit einem Löffel auskratzen und auf einem Schneidebrett sammeln. Zu einem feinen Püree hacken und zur Soße geben. Anschließend den Mandeldrink hinzufügen und alles gut umrühren. Nun den Topf auf den Herd stellen und die Soße bei schwacher Hitze etwa eine Stunde kochen lassen. 15 Minuten vor dem Servieren mit fein geschnittenem Basilikum, Salz und Pfeffer abschmecken.

9. Zum Servieren das Ragù in einen tiefen Pastateller geben, die Schupfnudeln darauf platzieren und mit dem Gomashio und Kräutern garnieren.

TIPP: Gomashio ist eine Gewürzmischung aus der japanischen Küche und kann als Salzalternative zu jedem Gericht gegeben werden.

DER LACHS

Eine innere Uhr, der Sonnenstand, der Geruchssinn und große Wanderungen bestimmen sein Leben. Im Süßwasser geboren, macht sich der Lachs, wenn sein Körper eine Länge von zehn Zentimetern erreicht hat, mit seinen Artgenossen auf den Weg ins Meer.

• • •

Von nun an leben die Tiere im Salzwasser, durchstreifen große Gebiete und wandern Tausende von Kilometern. Pro Tag können sie eine Strecke von 50 Kilometern zurücklegen. Nach etwa drei Jahren beginnt die zweite Reise ihres Lebens: Sie wandern zurück in die Flüsse, zu ihren Geburtsorten. Dabei legen sie nicht nur eine große Strecke zurück, sondern springen auch Wasserfälle hinauf – eine anstrengende Reise voller Gefahren.

• • •

Am Ziel angekommen, heben die Weibchen Laichgruben aus und legen dort 10.000 bis 30.000 Eier hinein. Etwa zwei Prozent der daraus schlüpfenden Jungtiere erreichen das Erwachsenenalter und machen sich auf die Reise ins Meer. Die meisten Elterntiere sterben, nachdem sie gelaicht haben, vor Erschöpfung. Nur etwa fünf von 100 Lachsen machen diese Wanderung ein zweites Mal. Aber genau das sollte ihr Leben sein – ein Leben in der freien Natur.

ARTISCHOCKEN ALLA ROMANA

„*Für mich bedeutet Tierschutz: Tiere sind empfindungsfähige Wesen und haben ein Recht auf Leben, Freiheit und Unversehrtheit. Das bedeutet das Ende jeglicher Tierausbeutung!*“ - **Barbara Rütting**

ARTISCHOCKEN

8 junge Artischocken
Saft einer halben Zitrone
Salz
2 EL Semmelbrösel
5 EL Olivenöl
2 EL Minze, Petersilie oder andere Kräuter, gehackt
Pfeffer aus der Mühle
300 ml Gemüsebrühe
Zitronenspalten (optional)

4 PORTIONEN
90 MIN.

1. Die äußeren holzigen Blätter der Artischocken entfernen. Die Spitzen der übrigen Blätter großzügig (ca. zwei Drittel) abschneiden. Stiel ebenfalls abschneiden, schälen und das holzige Ende entfernen.

2. Schnittflächen sofort mit Zitronensaft beträufeln.

3. Blätter etwas auseinanderziehen, mit einem Kugelausstecher das Heu herauslöffeln.

4. In einem großen Topf reichlich Salzwasser aufkochen, Artischocken hineinlegen, einige Minuten köcheln, dann herausnehmen und kopfüber abtropfen lassen.

5. Semmelbrösel mit Olivenöl, gehackter Minze, Salz und Pfeffer vermengen und in das Innere der Artischocken füllen.

6. Artischocken in eine Auflaufform geben, die Stiele danebenlegen.

7. Gemüsebrühe zugießen und abgedeckt eine knappe Stunde im vorgeheizten Backofen bei 180 °C backen. Gerne mit Zitronenspalten anrichten.

TIPP: Dazu passt ein knuspriges Baguette oder Bratkartoffeln – in dieser Kombination der absolute Hit in meinem Lieblingsrestaurant.

QUINOA-TABOULÉ

mit Tempeh

„Es ist eine wundervolle Idee, Köche in einem Kochbuch zu vereinen, das unsere gemeinsame Motivation widerspiegelt. Menschen lassen sich durch nichts so gut motivieren wie durch gutes Essen. Mit diesem Kochbuch schafft der Deutsche Tierschutzbund ein Werk, das auf ästhetische Weise und ganz subtil Anstoß gibt, seinen Alltag mit etwas Gutem zu bereichern. Gesund und glücklich leben sind Grundsätze, auf die wir alle ein Recht haben sollten. Als Köchin unterstütze ich das mit diesem Kochbuch für Mensch, Tier und Natur gleichermaßen.“ - **Stina Spiegelberg**

TABOULÉ

300 g Quinoa, bunt
4 Frühlingszwiebeln
300 g Kirschtomaten
1 Gurke
4 EL Olivenöl
4 EL Zitronensaft
Salz
rosa Pfeffer
1 Bund Petersilie
4 Zweige Minze
250 g Tempeh
4 EL Sojasoße
1 EL Weißweinessig
Öl zum Ausbacken
Minze und rosa Pfefferkörner (optional)

4 PORTIONEN
25 MIN.

1. Quinoa in der doppelten Menge Salzwasser bei geschlossenem Deckel und mittlerer Hitze nach Packungsangaben garen. Beiseitestellen und etwas abkühlen lassen. Dabei den Deckel öffnen, damit verbleibende Feuchtigkeit ausdampfen kann.

2. Die Frühlingszwiebeln in Ringe schneiden, die Kirschtomaten halbieren und entkernen. Die Gurke entkernen und in halbe Scheiben schneiden.

3. Die Quinoa mit dem Gemüse mischen. Mit Olivenöl, Zitronensaft, Salz und Pfeffer anmachen. Die Kräuter fein schneiden und unterheben.

4. Für den Tempeh ca. 0,5 cm dicke Scheiben abschneiden. Sojasoße und Essig in einem tiefen Teller verrühren und die Tempehscheiben darin für 5 Minuten einlegen. In Öl von beiden Seiten ausbacken.

5. Quinoa-Taboulé mit Tempeh servieren, gerne mit Minze und rosa Pfefferkörnern garnieren.

GEGRILLTE CHAMPIGNONS

mit Möhren-Polenta

„Meine Vision für eine bessere Zukunft ist unter anderem, dass wir der Natur mehr Respekt zollen, dass wir dem Thema Ernährung ein höheres Maß an Aufmerksamkeit schenken und uns alle mehr Gedanken über Achtsamkeit machen - und diese dann vor allem auch leben.“ - **Holger Stromberg**

POLENTA

3 EL Schalotten, geschält und gewürfelt
500 ml Karottensaft
85 g Polenta
je 1 Msp. Kardamom, Meersalz und schwarzer Pfeffer, frisch gemahlen

CHAMPIGNONS

4–8 große braune Champignons (Portobello)
Meersalz
2 EL Rapsöl
1 Knoblauchzehe
1 Chilischote
1 Thymianzweig
4 EL pflanzliche Butter-Alternative

SALAT

150 g Salatherzen (z. B. Frisee, Baby-Leaf, Babyspinat, Brunnenkresse, Rucola) und Saisonkräuter
1 EL Agavendicksaft
2 EL Zitronensaft oder Obstessig (z. B. Apfelessig)
Meersalz
essbare Blüten, Radieschen- oder Rote-Bete-Sprossen (optional)

1. Schalotten in einem Topf ohne Öl anrösten, mit ca. der Hälfte des Karottensaftes ablöschen und aufkochen. Die Polenta einrühren, Kardamom zugeben und nach und nach auch den Rest des Karottensaftes zugeben. Mit Meersalz und frisch gemahlenem Pfeffer würzen.

2. Champignons putzen, mit etwas Meersalz und Rapsöl würzen und in einer vorgeheizten, beschichteten Pfanne anbraten. Knoblauch schälen und fein hacken. Chilischote entkernen und ebenfalls fein hacken, Thymian zupfen und alles mit etwas Butter-Alternative auf die Champignons geben. Bei 180 °C ca. 4 Minuten in der Pfanne im Ofen bei Ober- und Unterhitze garen.

3. Salat und Kräuter waschen, trocken schleudern und in mundgerechte Stücke zupfen. Agavendicksaft mit Zitronensaft bzw. Obstessig verrühren und mit etwas Meersalz würzen. Den Salat vor dem Servieren mit dieser Marinade vermengen.

4. Polenta auf einen vorgewärmten Teller geben, Champignons auf die Polenta setzen, Kräutersalat draufgeben. Gerne mit essbaren Blüten und Sprossen garnieren. Servieren.

4 PORTIONEN
40 MIN.

KNUSPRIGES BAGUETTE

mit gebackenem Blumenkohl

„Selbstverständlich erachte ich Tierschutz als sehr wichtig und er sollte, wenn möglich, in Kooperation mit der Politik und der Bevölkerung passieren. Genauso verhält es sich mit dem Umweltschutz - gemeinsam kann man viel ändern. Es braucht Bewusstsein und Aufklärung." - **Parvin Razavi**

BAGUETTE

2 kleine Blumenkohlköpfe (etwa 400-500 g)
2 cm Ingwer, gehackt
1 TL grobes Meersalz
1 1/2 TL Ras el Hanout
1 1/2 TL Baharat
Olivenöl
Salz
2 großzügige EL Tahini
Saft und Zeste einer Bio-Zitrone
5 EL Wasser
Pfeffer
Sauerteigbaguette, in Scheiben geschnitten
2 Knoblauchzehen
3 Zweige frische Minze

4-6 PORTIONEN
60 MIN.

1. Blumenkohlköpfe waschen und die Strünke soweit zurückschneiden, dass sie im Ganzen in einer Ofenform platziert werden können.

2. Ingwer, 1 TL grobes Meersalz, Ras el Hanout sowie Baharat und 3 EL Olivenöl in einen Mörser geben und zu einer Gewürzpaste zerstoßen, einen Blumenkohl von allen Seiten mit der Gewürzpaste bestreichen (am besten gleich mit den Händen) und in eine Ofenform legen. Den zweiten Blumenkohl nur mit Salz und 1 EL Olivenöl einreiben, ebenfalls in die Ofenform legen und im vorgeheizten Ofen bei 190 °C Heißluft etwa 45-60 Minuten backen.

3. Nach der Backzeit den gesalzenen Blumenkohl grob hacken, mit Tahini, Zitronensaft, 3 EL Olivenöl und 5 EL Wasser in einem Mixer glatt pürieren und nochmals mit Salz und Pfeffer abschmecken. Der andere Blumenkohl wird wie ein Braten in Scheiben geschnitten.

4. Baguettescheiben mit etwas Olivenöl beträufeln, in einer vorgeheizten Grillpfanne von beiden Seiten knusprig grillen und, wenn gewünscht, anschließend mit einer halbierten Knoblauchzehe einreiben.

5. Knusprige Baguettescheiben mit der Blumenkohlcreme bestreichen und mit den Blumenkohlscheiben belegen. Noch etwas Zitronenzeste darüber reiben und mit frischer Minze dekoriert servieren.

KÜRBISSCHUPFNUDELN

mit Roter Bete, Basilikum, Haselnüssen und Senfkohl

„Ich bin Koch aus absoluter Leidenschaft und völlig fasziniert von dem, was die Natur uns alles bietet. Für mich selbst habe ich vor Jahren entschieden, dass ich mich vegan ernähren möchte. Erstens finde ich dies weitaus vielseitiger und zweitens halte ich vegane Ernährung für ethisch, moralisch und ökologisch korrekter. Es ist immens spannend, was wir alles aus Pflanzen machen können. Ja, ich will! – ganz nebenbei auch noch die Welt verbessern und vor allem Essen verändern." - **Christian Weber**

KÜRBISSCHUPFNUDELN

Hokkaido Kürbis (200-250 g)
50 g Kartoffeln, mehligkochend
etwas Öl für den Kürbis
Salz
Thymian (o. ä. Kräuter)
1/4 EL Leinmehl
1-2 EL Wasser
55 g Dinkelmehl (T 630)
12 g Lupinenmehl
Salz
Ras el Hanout
1/4 TL Flohsamenschalen, gemahlen
1/4 EL Ahornsirup
plus Mehl zum Ausrollen und Formen

KOHLGEMÜSE

400 g Spitzkohl, jung
160 g Champignons
5-6 EL Öl zum Anbraten
200 ml Wasser
1 - 1 1/2 EL Senf (12 g)
1/2 EL Pilzpulver (6 g)
1 - 1 1/2 EL Mandelmus hell (12 g)
Salz
Pfeffer

1. Für die Kürbisschupfnudeln den Ofen auf 160 °C vorheizen. Den Kürbis waschen und von Stiel und Strunk befreien. Dann halbieren und mit einem Löffel das Kerngehäuse ausschaben. Nun die Hälfte in walnussgroße Stücke schneiden. Die Kartoffeln waschen, schälen und ebenfalls in grobe Stücke schneiden. Alles zusammen in einer Schüssel mit etwas Öl, ca. 1/4 EL Salz und ein paar Kräutern nach Wahl vermengen. In einer Auflaufform oder auf einem Blech mit Backpapier im Ofen bei 160 °C in ca. 30 Minuten weich garen. Das Leinmehl derweil in einer Schüssel mit 1-2 EL Wasser glatt rühren.

2. Nun leicht gesalzenes Wasser in einem Topf aufkochen (zum Abkochen der Schupfnudeln), ein Backblech mit Papier auslegen und leicht mit Mehl ausstäuben, um die Schupfnudeln später abzulegen. Die Kartoffeln zusammen mit dem Kürbis in der Kartoffelpresse pressen. Ca. 5 Minuten stehen lassen, damit die Kartoffel-Kürbismasse ausdampfen kann. Im Anschluss daran mit Dinkelmehl, Lupinenmehl, Leinmehl (angerührt), Salz, Ras el Hanout, Flohsamenschalen und Ahornsirup vermengen und gut verkneten. Sollte der Teig etwas zu nass sein, noch etwas Dinkelmehl zugeben. Den Teig zu einer Rolle formen. Nun ca. 15-20 Stücke abtrennen, die Stücke zwischen den Händen (evtl. mit etwas Mehl) zu Schupfnudeln formen und auf das Backblech legen. Wenn allesamt geformt sind, das Papier anheben, mit einem Schwung sämtliche Schupfnudeln ins kochende Wasser geben und warten, bis sie oben schwimmen. Kaltes Wasser vorbereiten und die Nudeln mit einem Schaumlöffel abschließend ins kalte Wasser geben.

3. Für das Kohlgemüse den Spitzkohl mit Strunk in dünne Streifen schneiden. Die Pilze in Scheiben schneiden. In einer breiten Pfanne das Öl erhitzen und den Spitzkohl langsam gar braten. Wenn er etwas Farbe gewonnen hat, die Pilze

SCHUPFNUDELPFANNE

400 g Rote Bete, roh (inklusive Blätter)
4-5 Stangen Frühlingszwiebeln
4-5 EL Öl zum Anbraten
16 Schupfnudeln
60 g Haselnusskerne
40 g Buchweizen, geröstet
Salz
Pfeffer
Paprika
etwas Ras el Hanout
1 Bund Basilikum, gezupft

2 PORTIONEN
60 MIN.

dazugeben und mitbraten. Derweil Wasser aufkochen und mit Senf, Pilzpulver und Mandelmus zu einer Emulsion vermischen. Wenn der Kohl weich ist, mit der Gewürz-Emulsion ablöschen und kurz einkochen, dann mit Salz und Pfeffer abschmecken und warm halten.

4. Für die Schupfnudelpfanne die Rote Bete schälen und in feine Spalten schneiden. Die Blätter ebenfalls waschen und in Streifen schneiden. Frühlingszwiebeln waschen und in 5 cm lange Stücke schneiden. In einer breiten Pfanne das Öl erhitzen und die Schupfnudeln darin langsam braten. Dann die Haselnüsse zugeben. Nach kurzer Bratzeit die Frühlingszwiebeln, die Rote-Bete-Blätter und den Buchweizen zugeben. Alles soll nur warm werden, aber nicht garen. Mit Salz, Pfeffer, Paprika und Ras el Hanout würzen und mit gezupftem Basilikum abschmecken.

5. In einem tiefen Teller zuerst das Kohlgemüse anrichten, die Schupfnudelpfanne darauf verteilen und mit Basilikum oder anderen Kräutern dekorieren.

DAS HUHN

„Du dummes Huhn" ist eine Beleidigung, die wohl jede*r kennt. Nicht gerade clever, kombiniert mit albernem Gegacker – so werden Hühner oft charakterisiert. Dabei sind die Tiere intelligenter als viele Menschen glauben.

•••

Einige kognitive und emotionale Fähigkeiten von Hühnern sind mit denen von Kleinkindern und Primaten vergleichbar. So können Küken zum Beispiel schon kleine und große Mengen voneinander unterscheiden und sie der Größe nach ordnen. Hühner können logisch denken und zählen, sind neugierig und empathisch. Sie leben am liebsten in stabilen sozialen Gruppen und erkennen ihre Artgenossen zuverlässig am Gesicht. Die Hennen helfen sich gegenseitig beim Nestbau und teilen sich die Betreuung des Nachwuchses.

•••

Hühner verständigen sich mit 24 verschiedenen Lauten; hinzu kommt ein großes Repertoire visueller Zeichen – mit dumm hat das nun wirklich nichts zu tun. Falls sich dann noch jemand wundert, warum die Tiere ihren Kopf ständig so auffällig und ruckartig bewegen – das hilft ihnen beim Sehen. Da Hühner ihre Augen kaum drehen können, müssen sie sich ständig wenden, um ihre Umgebung richtig wahrnehmen zu können.

ROTE QUINOA

mit Muskatkürbis und Grünkohl

„Tierschutz bedeutet für mich Empathie und Rücksichtnahme auf die Lebewesen, mit denen wir Menschen uns die Erde teilen. Das bedeutet, sie im besten Fall in ihren Lebensräumen zu belassen und zu lernen, auf Produkte zu verzichten, die Tiere leiden lassen. Auch wenn es vielleicht zuerst nur in kleinen Schritten gelingt."
- Jan Wischnewski

KÜRBIS-GRÜNKOHL-QUINOA

150 g rote Quinoa
Salz
450 g Muskatkürbis-Fruchtfleisch
200 g junge Grünkohlblätter
1 kleine rote Chilischote (z. B. Thai-Chili)
3 Knoblauchzehen
4 EL Olivenöl
120 ml Gemüsebrühe (am besten selbst gekocht)
2 Msp. Sumach
1/2 TL Ras el Hanout
Sesam (optional)

4 PORTIONEN
45 MIN.

1. Die Quinoa in reichlich kochendem Salzwasser 15 Minuten mit noch leichtem Biss garen, danach in einem Sieb kalt abspülen und gut abtropfen lassen.

2. Das Kürbisfruchtfleisch in Würfel mit ca. 2 cm Kantenlänge schneiden. Den Grünkohl waschen, putzen und dabei auch dicke Blattadern abziehen. Die Grünkohlblätter in Streifen schneiden oder einfach zerzupfen. Die Chilischote waschen, längs halbieren und hacken. Wer es nicht so scharf mag, entfernt vor dem Hacken die Kerne und Kernstände der Schote. Den Knoblauch schälen und in feine Würfelchen schneiden.

3. Das Olivenöl in einer großen Pfanne erhitzen. Die Kürbiswürfel und den Grünkohl darin unter Schwenken 3-4 Minuten anbraten, dann die gehackte Chilischote sowie den Knoblauch dazugeben, kurz glasig schwitzen und mit der Gemüsebrühe ablöschen. Den Kürbis und den Grünkohl schmoren lassen, bis die Brühe verkocht ist und die Kürbiswürfel sich einstechen lassen, aber noch nicht zu weich sind. Dabei das Gemüse ab und zu wenden.

4. Sobald sämtliche Flüssigkeit verdampft ist, die Quinoa mit dem Pfanneninhalt verschwenken und dabei wieder heiß werden lassen. Mit Salz, Sumach und Ras el Hanout würzen. In hübschen Schälchen anrichten und mit etwas Sesam bestreuen.

TIPP: Wer möchte, serviert dazu eine pflanzliche Joghurt-Alternative (Soja) mit frischer, gehackter Minze oder mit Koriandergrün. Das passt sehr schön zu den verwendeten Gewürzen.

STEINPILZ-POLENTA

„Ich finde es immer schön, wenn sich Menschen gemeinsam für eine gute Sache stark machen. Als wichtiger Teil eines Gesamtkonzeptes trägt gesunde Ernährung zum Wohlbefinden des Menschen bei. Mit veganer Ernährung leistet man zusätzlich auch einen Beitrag zum Wohlbefinden der Tiere. Einen kleinen Teil zu diesem Projekt beisteuern zu können, ist mir daher eine große Freude." - **Kristina Unterweger**

GEMÜSEBRÜHE

1 1/4 l Wasser
3 mittelgroße Karotten
1/2 Stange Lauch
1 Petersilienwurzel
1 mittelgroße Zwiebel
1/8 Selleriewurzel
Salz

POLENTA

1 l Gemüsebrühe (selbst gemacht)
300 g Maisgrieß
1 Handvoll Steinpilze, getrocknet
2 EL Olivenöl
1 kleiner Bund Thymian, frisch

4 PORTIONEN
90 MIN.

1. Für die Gemüsebrühe das Gemüse gründlich waschen, putzen und mit dem Wasser kalt aufsetzen. Aufkochen lassen und ca. 30 Minuten leicht köcheln lassen. Die Brühe abseihen und mit Salz nach Geschmack würzen.

2. Den Maisgrieß langsam, unter ständigem Rühren einfließen lassen. Mit dem Deckel leicht bedecken und die Temperatur auf die niedrigste Stufe reduzieren. Immer wieder mit einem Kochlöffel durchrühren und so ca. 20 Minuten ausdämpfen lassen.

3. Gleichzeitig die Steinpilze mit Wasser bedecken und 15 Minuten quellen lassen. Danach gut ausdrücken.

4. Das Olivenöl erhitzen und die Pilze darin leicht braten.

5. Die Pilze zur Polenta geben. Thymianblättchen abzupfen, untermengen und 4 Zweige zur Dekoration beiseitelegen.

TIPP: Die Polenta schmeckt auch mit Pfifferlingen oder anderen frischen Pilzen sehr gut. Dafür 250 g frische Pilze säubern, schneiden und mit 4 Knoblauchzehen in 2 EL Olivenöl leicht anbraten.

PASTA ALLA NICOLETTA

„Tierschutz bedeutet für mich, sich für Tiere einzusetzen und ihnen zu helfen, kein Tier im Stich zu lassen und es in seinem Sein zu respektieren. Tierschutz sollte selbstverständlich sein. Jedes Lebewesen hat ein Anrecht auf seine Existenz.“

- Arnold Pöschl

PASTA

2 Auberginen
2 Knoblauchzehen
2 EL Olivenöl
400 g Penne (ohne Ei)
Salz
1/2 Zwiebel, fein gehackt
1 EL Tomatenmark
2 große überreife Fleischtomaten
1/2 Chilischote, frisch
Rapsöl
Pfeffer
1 Bund Basilikum

4 PORTIONEN
30 MIN.

1. Auberginen waschen und aushöhlen, sodass nur mehr 1/2 cm Fruchtfleisch und die Schale übrig bleiben. Dies in sehr dünne Streifen schneiden.

2. Geschälte Knoblauchzehen in einer Pfanne mit Olivenöl anrösten (ca. 3 Minuten), bis das Öl den Geschmack des Knoblauchs angenommen hat. Die Knoblauchzehen wieder entfernen und zur Seite stellen.

3. Nudeln in Salzwasser al dente kochen.

4. Nun die fein gehackte Zwiebel in Knoblauchöl anrösten. Wenn die Zwiebel angeschwitzt ist, Tomatenmark dazugeben und ebenfalls anrösten lassen, dann umrühren.

5. Fleischtomaten kurz im Nudelwasser kochen lassen, bis sich die Haut leicht entfernen lässt. Die gepellten Fleischtomaten in eine Pfanne geben und zerdrücken. Chilischote sehr fein schneiden und mit Salz und den beiden Knoblauchzehen zum Tomatenpüree geben. Ca. 10 Minuten köcheln lassen.

6. Währenddessen einen Topf mit reichlich Rapsöl füllen und darin die geschnittenen Auberginen portionsweise frittieren, danach mit Küchenrolle abtupfen.

7. Immer wieder Pastawasser in die köchelnde Tomatensoße geben und diese verkochen lassen. Abschmecken mit Salz und Pfeffer.

8. Penne abseihen, mit der Tomatensoße vermischen und 2 Minuten ziehen lassen. Auf Tellern anrichten, die frittierten Auberginen mit Basilikumblättern darauf verteilen.

WARUM VEGAN? WEIL ENTEN DANN ...

... ihre Nester frei von Dreck und Kot halten könnten, um dort nachts gemeinsam mit ihrer Gruppe zu schlafen.

...WÄHREND IHRER ZÜGE JÄHRLICH HUNDERTE VON KILOMETERN ZURÜCKLEGEN UND DABEI FLUGGESCHWINDIGKEITEN VON BIS ZU 100 KILOMETERN PRO STUNDE ERREICHEN KÖNNTEN.

... in lockeren Gruppen oder als Paare leben würden und ihre Tage damit verbringen könnten, Futter im Gras und in flachen Gewässern zu suchen.

... IHR LEBEN GENIEẞEN KÖNNTEN – UND DAS BIS AN IHR LEBENSENDE.

KLEINE BROKKOLI-TORTILLAS

in Salsa Verde

„Tierschutz ist für mich, respektvoll mit Tieren umzugehen und ihnen ein artgerechtes Leben zu ermöglichen.“ - **Gonzalo Barò**

TORTILLAS

1-2 EL getrocknete Wakame-Algen (optional)
1 mittelgroßer Brokkoli
Salz
4 EL Kichererbsenmehl
1 EL Stärke (optional)
80 ml Wasser
abgeriebene Schale einer Bio-Zitrone
Pfeffer
2-4 EL Olivenöl

SALSA VERDE

1 Zwiebel
2 Knoblauchzehen
1 EL Olivenöl
150 g grüne Erbsen
100 ml Weißwein
50 ml Gemüsebrühe
1 Bund Petersilie
Salz
Pfeffer
Zitronenspalten (optional)

4 PORTIONEN
40 MIN.

1. Die Algen etwa 5 Minuten in lauwarmem Wasser einweichen.

2. Den Brokkoli in grobe Stücke teilen und in Salzwasser ca. 10 Minuten dampfen, bis er weich ist, dann mit einem Stabmixer zerkleinern.

3. In einer Schüssel das Kichererbsenmehl und 1 EL Stärke (optional) mit 80 ml Wasser glatt verrühren und gut mit dem zerkleinerten Brokkoli, den Algen, der Zitronenschale sowie Salz und Pfeffer vermengen. Beiseitestellen.

4. Für die Salsa Verde Zwiebel und Knoblauch schälen und klein schneiden. In einer Pfanne Olivenöl erhitzen und beides darin bei mittlerer Temperatur glasig dünsten. Die Erbsen hinzufügen und mit Weißwein und Brühe ablöschen. Bei niedriger Temperatur einige Minuten reduzieren lassen, bis die Soße etwas angedickt ist.

5. Die Petersilie fein hacken und einrühren und die Soße mit Salz und Pfeffer abschmecken. Beiseitestellen.

6. In einer weiteren Pfanne 2 EL Olivenöl erhitzen.

7. Von der Brokkoli-Tortilla-Mischung jeweils eine etwa pflaumengroße Menge abnehmen, in der Pfanne behutsam platt drücken und von beiden Seiten goldbraun anbraten. Auf diese Weise die komplette Brokkoli-Mischung verarbeiten, dabei gelegentlich weiteres Olivenöl zum Braten in die Pfanne geben.

8. Die Tortillas zusammen mit der Salsa Verde servieren und optional mit Zitronenspalten garnieren.

NACHSPEISEN

SOMMERLICHE WEIZENBIER-BOWLE

„Tierschutz bedeutet für mich die Achtung vor dem Tier in seiner vollen Integrität als lebende Kreatur und Teil der gesamten Natur. In Zeiten zunehmender Zerstörung der Umwelt und des steigenden Verbrauchs an natürlichen Ressourcen erscheint es mir wichtiger denn je, allen Lebewesen eine Stimme zu geben. Insofern versuche ich, diesen Aspekt bei meinem tagtäglichen Handeln zu berücksichtigen.“

- Armin Amrein

BOWLE

100 g Erdbeeren, frisch
1/2 Limette
1/2 EL Lime Juice
1 TL Zucker
120 ml Sekt oder Champagner
200 ml Kristall-Weizenbier, hell

LIMETTENSCHAUM

80 g Lime Juice
40 g Läuterzucker / Zuckersirup
40 g Limettensaft
4 Msp. pflanzliches Lecithin

4 PORTIONEN
35 MIN.

1. Für die Bowle frische Erdbeeren waschen und in kleine Würfel schneiden. Limetten schälen, filieren und in kleine Würfel schneiden.

2. Lime Juice, Zucker und Sekt miteinander verrühren, Limetten und Erdbeerwürfel dazugeben, ca. 20 Minuten ziehen lassen, in Shotgläser abfüllen und mit dem Kristall-Weizenbier angießen.

3. Für den Limettenschaum alle Zutaten miteinander vermischen und mit dem Stabmixer aufschäumen. Wird mehr Flüssigkeit benötigt, die Mengenangaben für den Schaum einfach vervielfachen.

4. Den weißen Schaum, wie eine Bierkrone, auf die Bowle hoch aufziehen.

BLÜTEN-CAKE-POPS

„Ich ernähre mich nun seit vier Jahren vegan und entdecke dabei immer noch Neues. Für mich ist die vegane Küche vielseitig und lässt viel Platz für Kreativität. Seit ich mich vegan ernähre, sind viel mehr Lebensmittel auf meinen Speiseplan dazu- als weggekommen." - **Yvonne Hölzl-Singh**

TEIG

150 ml Sojadrink
80 ml Maiskeimöl
1 EL Apfelessig
75 g Weizenmehl
75 g Dinkelvollkornmehl
80 g Rohrohrzucker
2 1/2 TL Backpulver
1/2 Tonkabohne oder 1/2 TL Vanille, gemahlen

KRÜMELMASSE

40 g Aprikosenmarmelade
15 g Kokosöl

ÜBERZUG

200 g vegane Blockschokolade
10-20 g Kokosöl
17 kleine Blüten (optional)

17 STÜCK
90 MIN.+
KÜHLEN

1. Backofen auf 180 °C Ober-/Unterhitze vorheizen. Sojadrink, Öl und Apfelessig in einer Schüssel mischen und Weizenmehl, Dinkelmehl, Rohrohrzucker, Backpulver und die gemahlene Tonkabohne unterrühren. Eine 20 cm große Springform mit Öl ausstreichen, mit Mehl bestäuben, den Teig einfüllen und den Kuchen 30 Minuten backen. Anschließend abkühlen lassen.

2. Den Teig grob zerkrümeln, mit dem Universalzerkleinerer in regelmäßige Krümel mahlen, und mit der Aprikosenmarmelade und dem flüssigen Kokosöl gut durchkneten. Den Teig mit der Cake-Pop-Zange zu 17 Cake-Pops verarbeiten. Diese in den Unterteil einer Cake-Pop-Backform legen und 15 Minuten in den Gefrierschrank stellen.

3. Eine kleine Menge der Schokolade vorab im Wasserbad schmelzen, die Cake-Pop-Sticks 1 cm tief in die Schokolade tauchen und vorsichtig mit einer Drehbewegung bis ungefähr zur Hälfte in die Cake-Pops stecken. Die Cake-Pops 10-15 Minuten im Gefrierschrank oder entsprechend länger im Kühlschrank kühlen. Die restliche Schokolade mit der Küchenreibe raspeln und ca. zwei Drittel im Wasserbad schmelzen, wobei das Wasser nicht kochen sollte. Den Topf vom Wasserbad nehmen und das restliche Drittel der Schokolade in mehreren kleinen Portionen einrühren. Zum Schluss das Kokosöl unterrühren, dabei zuerst mit der kleineren Menge beginnen und diese je nach Bedarf erhöhen. Die geschmolzene Kuvertüre in ein schmales Schälchen füllen, die Cake-Pops schräg in die Kuvertüre tauchen und einmal drehen, sodass sie rundherum überzogen sind, herausnehmen und den Überschuss abklopfen. Die Cake-Pops auf einen Teller stellen, den Stiel oder den Strohhalm noch so lange fixieren, bis der Boden etwas angetrocknet ist, sodass der Cake-Pop gerade stehen bleibt. Die Blüten in die noch feuchte Glasur drücken und kontrollieren, dass sie nicht verrutschen.

APFELRINGE-PANCAKES

„*Tierschutz bedeutet für mich, Tiere in keiner Weise zu schädigen, sie also auch nicht zu essen.*“ - **Dr. Ruediger Dahlke**

PANCAKES

340 ml Vanille-Sojadrink
1 1/2 EL Apfelessig
200 g feines Buchweizenmehl
2 geh. TL Weinsteinbackpulver
1 Prise Salz
60 ml Ahornsirup
2 EL Kokosöl
2 Äpfel
Kokosöl zum Backen
Puderzucker
Zimt
Beeren und Minze (optional)

1. Den Sojadrink in einer Schüssel mit Essig mischen und 1 Minute stehen lassen, bis der Sojadrink etwas eindickt. Mehl, Backpulver und Salz in einer Schüssel vermengen. Ahornsirup und 2 EL Kokosöl unterheben und nach und nach den Sojadrink einrühren. Den Teig 5 Minuten ruhen lassen.

2. Äpfel waschen, vom Kerngehäuse befreien und das Fruchtfleisch in dünne Ringe schneiden. 1/2 TL Kokosöl in einer Pfanne erhitzen und ein Viertel des Teigs darin bei mittlerer Hitze leicht stocken lassen. Nun ein Viertel der Apfelringe darauflegen, weiter backen und vorsichtig wenden. Warm stellen und 3 weitere Pancakes backen.

3. Mit etwas Puderzucker und Zimt bestreut servieren. Gerne mit Beeren und Minze garnieren.

TIPP: Die Pancakes schmecken auch mit anderen Früchten oder Beeren toll.

HASELNUSS-NOUGAT-KUGELN

„Die vegane Küche ist der einfachste Weg, in seinem Alltag ethische und ökologische Aspekte zu berücksichtigen. Noch dazu bereitet mir das Experimentieren mit Lebensmitteln seit ich denken kann große Freude. Selbst nach acht Jahren vegan sein, entdecke ich immer wieder Neues und bin begeistert von der großen Vielfalt, welche die pflanzliche Küche zu bieten hat." - **Anna-Lena Klapp**

PRALINEN

50 g pflanzliche Margarine
125 g veganer Nougat
90 g Haselnussmus
2 EL Zucker
14 ganze Haselnüsse
150 g vegane Schokolade (pflanzliche Alternative zu Vollmilchschokolade)
60 g Krokant
20 g gehackte Haselnüsse

14 STÜCK
40 MIN.+
KÜHLEN

1. Bringe zuerst die Margarine und das Nougat im Wasserbad zum Schmelzen.

2. Vermenge die geschmolzene Margarine und das Nougat in einem Mixer mit dem Haselnussmus und dem Zucker.

3. Stelle die Masse für etwa 3 Stunden in den Kühlschrank.

4. Nun kannst du mit einem Löffel etwas aus der Nougatcreme entnehmen und Kugeln daraus formen. In jede Kugel drückst du eine Haselnuss hinein.

5. Stelle die Kugeln erneut für etwa 1 Stunde in den Kühlschrank.

6. Währenddessen kannst du die vegane Schokolade in einem Wasserbad zum Schmelzen bringen und das Krokant und die gehackten Haselnüsse hinzugeben.

7. Tauche die Nougatkugeln mit einer Gabel in die Schokolade.

8. Lege die Kugeln auf einen mit Backpapier ausgelegten Teller und stelle sie für etwa 3 Stunden in den Kühlschrank.

9. Wenn alles fest geworden ist, kannst du sie servieren.

TIPP: Die Schokolade für den Überzug sollte nicht zu heiß sein, sondern Körpertemperatur haben („Lippentest"), da die Nougatkugel sonst schnell schmilzt.

SCHOKOTARTE

mit Himbeersorbet

„Ich lebe vegan, weil ich Leben liebe. Dazu gehört vor allem der Tierschutz. Wir stehen in der Verantwortung der Stimmlosen, sie zu schützen und ihre Lebensräume artgerecht zu erhalten. Darüber hinaus ist es eine Selbstverständlichkeit, gute und positive Dinge zu unterstützen. Der Deutsche Tierschutzbund macht einen tollen Job und ich steuere gerne meinen Beitrag mit veganen Rezepten bei." - **Timo Franke**

SCHOKOTARTE

150 g Mehl
1 EL Zucker
2 Prisen Salz
90 g pflanzliche Margarine, kalt
30 g Stärke
75 g Zucker
3 EL Kakao
700 ml Sojadrink
150 g vegane Zartbitterschokolade, geraspelt
1 TL Vanillepulver

HIMBEERSORBET

500 g Himbeeren, tiefgefroren
20 g Puderzucker
Minze (optional)

TARTEFORM
60 MIN. +
KÜHLEN

1. Mehl, Zucker und 1 Prise Salz gut vermischen, danach die Margarine in Flocken dazugeben und einen Teig kneten. Wenn dieser nicht geschmeidig genug sein sollte, kann man noch 1-2 EL kaltes Wasser hinzugeben, bis er die richtige Konsistenz hat. Den Teig dann in Folie einpacken und mindestens 1 Stunde im Kühlschrank lagern.

2. Teig ausrollen, in eine Pie- oder Tarteform (Ø etwa 26 cm) legen. Bei einer Pieform ruhig 1-2 Zentimeter Teig überstehen lassen und den Rest abschneiden. Den Teigboden vor dem Backen mit einer Gabel einstechen. Ofen auf 190 °C vorheizen. Den Teig ca. 25 Minuten backen und anschließend auskühlen lassen.

3. Nun Stärke, Zucker, Kakao und 1 Prise Salz in einem Topf verrühren. Mit dem Sojadrink verquirlen und unter ständigem Rühren aufkochen lassen, bis die Masse langsam andickt. Topf vom Herd nehmen und langsam 120 g geraspelte Schokolade und die Vanille unterrühren.

4. Die fertige Masse auf den Boden der Tarte geben, mit den übrigen Schokoraspeln garnieren und über Nacht im Kühlschrank auskühlen lassen.

5. Die Himbeeren aus der Tiefkühltruhe nehmen und 10-15 Minuten bei Zimmertemperatur antauen lassen. Danach mit dem Puderzucker in einem Mixer pürieren. Je eine Kugel Sorbet auf die Schokotarte setzen und mit Minze garniert servieren.

AVOCADO-SCHOKO-SHAKE

„Das Leben ist ein Zauber auf dieser Erde mit all ihren Menschen, Tieren, Pflanzen, Gewässern, ihrer Luft und ihrem Boden. Ein achtsames Leben und die Fürsorge für alles Lebendige machen ein glückliches Lebendigsein aus." - **Judith & Surdham Göb**

SHAKE

150 g Kokosraspel
850 ml Wasser
1 Avocado
1/4 TL Chlorella-Pulver
10 EL Kokosblütenzucker
100 g Kakaomasse
2 EL Kakaopulver, roh
2 geh. TL Maca-Pulver
1 TL Vanillepulver

1 LITER
20 MIN.

1. Die Kokosraspel und 600 ml Wasser in den Mixer geben und zunächst auf niedriger, dann auf hoher Stufe 1 Minute mixen. Alles durch einen Nussmilchbeutel oder ein dünnes Baumwolltuch drücken (ergibt etwa 600 ml Kokosdrink).

2. Die Avocado halbieren und den Stein entfernen. Die Avocadohälften schälen. Mit Chlorella-Pulver, 2 EL Kokosblütenzucker und dem Kokosdrink im Mixer schaumig aufschlagen und auf Gläser verteilen.

3. Kakaomasse und -pulver, 8 EL Kokosblütenzucker, Maca- und Vanillepulver und die restlichen 250 ml Wasser in den Mixer geben und zunächst auf niedriger, dann auf höchster Stufe fein aufschlagen. Die Schokomasse über einen Löffel auf den Avocado-Shake laufen lassen und leicht durchziehen. Eventuell mit geriebener Kakaomasse bestreuen.

TIPP: Unsere Rohkostvariante mit rohem Kakao und frisch zubereitetem Kokosdrink macht den Avocado-Schoko-Shake zu einem wahren Highlight der gesunden Küche. Das liegt unter anderem an dem hohen Gehalt an einfach ungesättigten Fettsäuren, die in der Avocado stecken – Avocados gehören somit zu den gesündesten Fettlieferanten. Kokosblütenzucker wird aus dem eingekochten Saft der Blütenstände der Kokospalme hergestellt und ist wenig behandelt.

... NUR SO VIEL MILCH GEBEN WÜRDEN, WIE IHRE KÄLBER ZUM LEBEN BRAUCHEN.
... IHR LEBEN GENIEẞEN KÖNNTEN – UND DAS BIS AN IHR LEBENSENDE.

WARUM VEGAN? WEIL KÜHE DANN …

… in einer Herde leben, untereinander intensive Freundschaften bilden und den ganzen Tag auf einer Weide grasen könnten.

… enge Beziehungen zu ihren Kälbern aufbauen und sie großziehen könnten.

GOLDENE KOKOSMILCH-EISCREME

„Allgemein wird in unserer Gesellschaft immer noch zwischen Haustieren, schützenswerten Wildtieren und Nutztieren unterschieden. Tierschutz bezieht sich für mich jedoch auf alle Lebewesen unseres Planeten. Uns selbst übrigens eingeschlossen! Die vegane Lebensweise ist die einzige derzeit existierende Weltsicht, welche sich dieser Thematik mit verschiedenen Lösungsansätzen mit ganzer Kraft stellt. Daher sind für mich Tierschutz und ein veganer Lebensstil eine untrennbare Einheit."

- Lea Green

EISCREME

15-20 g Ingwer
1 1/2 EL Kurkuma
120 ml Wasser
1 große Prise Muskatnuss, frisch aufgerieben
200 g Cashewkerne (nicht einweichen!)
1 gekühlte Dose Kokosmilch (keine entfettete/fettreduzierte Kokosmilch verwenden)
5 EL Agavendicksaft oder Ahornsirup
1 Prise grober schwarzer Pfeffer
1 Prise Zimt
1 kleiner TL Xanthan
100 ml Pflanzendrink (z.B. ungesüßter Mandeldrink)
1 TL geschälte Hanfsamen oder 1 Prise Chia-Samen als Topping pro Portion (optional)

1. Zu Beginn eine Kurkuma-Paste herstellen. Dafür Ingwer schälen und eine Ingwerreibe bereitlegen. Kurkuma mit Wasser in einem Topf unter Rühren erhitzen. Ingwer in die sich andickende Paste reiben. Sobald die Flüssigkeit etwas Festigkeit gewinnt, beständig mit einem Schneebesen rühren. Muskatnuss dazureiben. Die Paste unter Rühren eindicken lassen. Das dauert etwa 5-8 Minuten. Paste in ein kleines Schälchen geben.

2. Die Cashewkerne uneingeweicht in einen Mixer geben. Die Dose Kokosmilch öffnen. Nur den festen, fettigen Kokosmilchteil obenauf verwenden. Agavendicksaft, schwarzen Pfeffer, Zimt, Xanthan (bindet auch Kaltes), Pflanzendrink sowie einen großen EL Kurkuma-Paste dazugeben und cremig mixen (dafür braucht ihr einen leistungsstarken Mixer). Goldene Creme in eine Schale füllen und gut verschließen!

3. Das Eis im Tiefkühler über Nacht oder mindestens 8 Stunden einmal richtig gut durchfrieren lassen. Vor dem Verzehr leicht antauen lassen und cremige Eiskugeln formen. Mit etwas Agavendicksaft oder Ahornsirup beträufeln und mit geschälten Hanf- oder Chia-Samen bestreut vernaschen.

10-12 KUGELN
20 MIN. +
KÜHLEN

PEANUT BUTTER FUDGE

„Chocolate comes from Cacao. Which is a plant. Chocolate is salad.' – Unknown" –
Heather Donaldson und Flippo Riedel, Pink Elephant Cooking

FUDGE

80 ml Kokosöl
125 g Erdnussbutter
120 g Tahini
40 g Kakaopulver
80 ml Ahornsirup
1/2 TL feines Meersalz
Vanillemark einer Schote

8–10 PORTIONEN
15 MIN. +
EINFRIEREN

1. Kokosöl, Erdnussbutter und Tahini über einem warmen Wasserbad schmelzen und zu einer glatten Masse zusammenrühren. Kakaopulver, Ahornsirup, Meersalz und Vanillemark dazugeben und unterrühren.

2. Eine kleine Auflaufform mit Frischhaltefolie auskleiden, die Masse hineinfüllen und für 1 Stunde in den Gefrierschrank stellen.

3. Den nun festen Fudge in kleine Stückchen schneiden und immer möglichst kühl servieren, da er schnell schmilzt.

TIPP: Nach Belieben können Sie den noch weichen Fudge mit Toppings wie Erdnüssen oder veganen Schokoladenstückchen verzieren.

LINZER TORTE

„In dieser doch sehr schnelllebigen und Höchstleistung fordernden Zeit versuchen Menschen, sich in Bereichen, die sie aktiv beeinflussen können, etwas Gutes zu tun – vegane Ernährung ist dafür ideal. Aber auch das Bewusstsein, durch diese besondere Ernährung Tierleid zu vermeiden und die Umwelt zu schützen und zu bewahren, ist ein wesentlicher Punkt, sich für vegane Ernährung zu entscheiden."

- Kristina Unterweger

TORTE

300 g Dinkelmehl, fein
100 g Zucker
150 g Haselnüsse, gemahlen
200 g hochwertige pflanzliche Margarine
1 TL Zimt
200 g Sauerkirsch- oder rote Johannisbeerkonfitüre
etwas pflanzliche Sahne-Alternative

TORTENFORM
90 MIN. + KÜHLEN

1. Das Mehl auf ein Backbrett sieben und in die Mitte eine Mulde drücken. Zucker, Zimt und Haselnüsse hineingeben.

2. Die Margarine in Flöckchen auf dem Mehlrand verteilen und alles mit kühlen Händen rasch zu einem glatten Teig verkneten. Eine Kugel formen und in Alufolie eingewickelt 1-2 Stunden im Kühlschrank rasten lassen.

3. Drei Viertel des Teiges auf einer bemehlten Arbeitsfläche ca. 2 cm dick ausrollen und damit den Boden einer Torten- oder Springform (Ø 24 cm) auslegen. Den Tortenboden mehrmals mit einer Gabel in kleinen Abständen einstechen und die Konfitüre gleichmäßig darauf verteilen.

4. Aus dem restlichen Teig dünne Rollen formen, diese gitterartig auf die Torte legen und mit pflanzlicher Sahne-Alternative bestreichen.

5. Im vorgeheizten Backofen bei 200 °C Ober-/Unterhitze ca. 45-55 Minuten auf der zweiten Schiene von unten backen.

TIPP: Anstelle der Sauerkirschkonfitüre kann man auch Apfelmus verwenden, dann wird die Torte besonders saftig.

TAPIOKA-PUDDING

mit Kokosmilch & Mango

„Wir möchten Leser über unsere Rezepte ans Thema Veganismus und an das Thema Tierrechte heranführen – für uns der größte und tatsächlich einfachste Schritt, um etwas zu verändern.“ - **Nadine Horn & Jörg Mayer**

PUDDING

5 EL Tapioka-Perlen oder Perlsago
600 ml Kokosmilch
4 EL Agavendicksaft
3 EL Rum
1 frische Mango
2 EL getrocknete Kokosraspel

4 PORTIONEN
15 MIN. +
KÜHLEN

1. Tapioka-Perlen 5 Minuten in 1 Liter kochendem Wasser weich kochen.
2. In ein Sieb abgießen.
3. Kokosmilch, Agavendicksaft und Rum erhitzen.
4. Tapioka-Perlen hinzufügen und kurz aufkochen.
5. Sind die Tapioka-Perlen „glasig“, Topf vom Herd nehmen und den Pudding in Dessertgläser füllen.
6. Abkühlen lassen.
7. 1 Stunde in den Kühlschrank stellen.
8. Mit frischer Mango und Kokosraspeln garnieren.

TIPP: Selbstverständlich könnt ihr den Pudding auch mit anderem frischen Obst, wie z.B. Beeren, Kiwis, Honigmelone, Maracuja oder gerösteten Nüssen zubereiten.

SOJA-SCHOKOMOUSSE

„Ich bin äußerst dankbar, dass wir seit 1898 im ältesten vegetarischen Restaurant der Welt unzählige Gäste mit gesundem Genuss begeistern dürfen. Unsere Mitgeschöpfe haben einen respektvollen Umgang von uns Menschen verdient und die heutige Massentierhaltung und Überfischung sind definitiv nicht okay. Mit unserer Art von Gastronomie leisten wir einen effektiven und nachhaltigen Beitrag zum Tierschutz.“

- Rolf Hiltl

MOUSSE

140 g vegane Kuvertüre (70 %)
140 g vegane Edelbitter-kuvertüre (49 %)
150 ml Sojadrink
500 g Seidentofu
160 g Rohzucker
2 TL Johannisbrotkernmehl
250 ml pflanzliche Sahne-Alternative, aufschlagbar
50 g vegane Kuvertüreraspel (49 %)
vegane Schokoraspel und pflanzliche Sahne-Alternative, aufschlagbar (optional)

4 PORTIONEN
45 MIN. +
KÜHLEN

1. Die Kuvertüren mit dem Sojadrink im Wasserbad langsam schmelzen.

2. Währenddessen in einem hohen Gefäß den Seidentofu, den Rohzucker und das Johannisbrotkernmehl mit dem Stabmixer fein pürieren.

3. Die Seidentofumasse langsam und unter ständigem Rühren zu der geschmolzenen Kuvertüre geben. Die Schokoladenmasse auf Raumtemperatur abkühlen lassen.

4. Die pflanzliche Sahne-Alternative mit dem elektrischen Handrührgerät in einer Schüssel steif schlagen und zusammen mit den Kuvertüreraspeln vorsichtig unter die abgekühlte Schokoladenmasse heben, sodass eine Marmorierung bestehen bleibt.

5. Die Schokomousse mindestens 2 Stunden kühl stellen. Gerne mit Schokoraspeln garnieren und pflanzliche aufgeschlagene Sahne dazu reichen.

TIPP: Im Tiefkühler wird die Schokoladenmousse bereits nach 1 Stunde fest. Anstatt der unterschiedlichen Kuvertüren kann je nach Gusto auch nur eine Sorte verwendet werden. Vegane Kuvertüre ist im Reformhaus und in Fachgeschäften erhältlich. Bei Kuvertüre aus dem Supermarkt immer genau die Zutatenliste studieren, um sicherzustellen, dass sie auch tatsächlich vegan ist.

BIRNEN-CRUMBLE

„An der veganen Küche begeistert mich vor allem die Möglichkeit, mich nährstoffreich und lecker zu ernähren, ohne dabei einem Tier zu schaden. Ich finde es bereichernd und herausfordernd, in einem positiven Sinne, mich mit tierfreier Ernährung zu beschäftigen. Es erweitert meinen kulinarischen Horizont." - **Arnold Pöschl**

CRUMBLE

400 g Birnen, säuerlich
Saft einer Bio-Zitrone
25 Cranberries oder Berberitzen, getrocknet
10 Walnusshälften
40 g Zucker
50 g pflanzliche Margarine, kalt
70 g Weizen- oder Dinkelmehl
1 TL Bio-Zitronenschale
etwas Zucker zum Bestreuen

4 PORTIONEN
30 MIN.

1. Birnen waschen, vom Kerngehäuse befreien, in Spalten bzw. Stücke schneiden und mit ausgepresstem Zitronensaft beträufeln.

2. Gemeinsam mit den Cranberries und den Walnusshälften in ofenfeste Glasgefäße (Ø 6 cm, 7 cm hoch) füllen. Backrohr auf 180 °C vorheizen.

3. Zucker, Margarine, Mehl und Zitronenschale rasch zu Streuseln zerreiben und auf den Birnen verteilen.

4. Mit etwas Zucker bestreuen und auf mittlerer Schiebeleiste 20-25 Minuten backen.

TIPP: Diese Nachspeise lässt sich auch mit anderem Obst zubereiten. Dabei eignen sich feste, säuerliche Obstsorten (Äpfel, Pflaumen, Aprikosen, Rhabarber) am besten.

CHEESECAKE

mit Orangen-Schoko-Swirl

„Tierschutz bedeutet für mich grundsätzlich nachhaltiges Denken auf allen Ebenen. Wie wir uns ernähren spielt hier eine große Rolle, aber da hört es noch lange nicht auf. Tiere sind auch in einer veganen Ernährung bedroht, wenn wir nicht aufhören, industriell Produkte herzustellen, wie wir das bisher tun. Wir müssen lernen, mit Biodiversität umzugehen und mit einer Vielzahl von Nahrungsmitteln arbeiten, nachhaltiger einkaufen und weniger Müll produzieren – das schützt dann automatisch auch die Tierwelt.“ - **Boris Lauser**

BODEN

50 g Walnüsse, eingeweicht und getrocknet
50 g Buchweizen-Keimlinge, getrocknet (alternativ mehr Walnüsse)
50 g Kokosraspel
60 g Kakaonibs
1 TL Vanillepulver
1 Prise Salz
8-10 Medjool-Datteln
1 EL Kakaobutter
1 TL Kokosöl zum Einfetten der Springform

FÜLLUNG

320 g Cashewkerne oder Cashewbruch, eingeweicht
550 ml Orangensaft mit Fruchtfleisch (ca. 4 Orangen)
50 g Kokosblütenzucker
1 EL Kokosblütennektar
abgeriebene Schale von 4 Bio-Orangen
2 TL Vanillepulver
1 Prise Salz
2 EL genfreies Sojalecithin (optional)

1. Für den Kuchenboden die Walnüsse zusammen mit allen anderen Zutaten, bis auf die Datteln und die Kakaobutter, in der Küchenmaschine mit S-Messer grobkörnig verarbeiten. Die Datteln entkernen und bei laufendem Motor eine nach der anderen durch die Öffnung der Küchenmaschine in den Teig fallen lassen. Dabei zwischendurch immer wieder die Konsistenz überprüfen.
So viele Datteln zugeben, dass der Teig beim Zusammendrücken hält, aber leicht wieder auseinander krümelt. Kakaobutter im Wasserbad schmelzen und anschließend zugeben.

2. Den Boden und die Seiten der Springform (Ø 26 cm oder 20 cm x 30 cm) mit Kokosöl einfetten. Den Teig auf dem Boden der Form gleichmäßig verteilen und mit den Händen fest andrücken.

3. Für die Füllung zunächst die Cashewkerne 4 Stunden einweichen und danach abspülen. Für den Orangensaft zunächst die Schale der Orangen abreiben und für später aufheben. Die Orangen schälen, das Weiße und die Kerne entfernen und im Hochleistungsmixer pürieren. Davon 550 ml abmessen. Zu den pürierten Orangen Cashewkerne, Kokosblütenzucker, Kokosblütennektar, Orangenschale, Vanille und Salz geben und bei höchster Stufe cremig pürieren. Das Kokosöl und die Kakaobutter vorsichtig im Wasserbad oder im Dörrautomat schmelzen, zusammen mit dem Lecithin zur Orangenmasse geben und nochmals gut mixen. Nach Belieben nachsüßen.

4. Dann zwei Drittel bis drei Viertel der Orangenmasse auf den Boden gießen. Die verbleibende Masse mit dem Rohkakao-Pulver und dem Kokosblütennektar noch mal mixen und nach Belieben nachsüßen. Die Schokocreme aus ca. 20 cm Höhe aus dem Mixer in Linien entlang der langen Seite der Form in die

150 ml Kokosöl
75 ml Kakaobutter
2 geh. EL Rohkakao-Pulver
ca. 1/2 EL Kokosblütennektar zum Nachsüßen

SPRINGFORM
40 MIN. +
KÜHLEN

Orangenmasse gießen. Vorsicht: Wenn man von zu weit oben gießt, sinkt die Schokomasse komplett ein. Wenn der Abstand zu klein ist, bleibt die Masse einfach auf der Orangenmasse sitzen. Das Ganze erfordert ein wenig Feingefühl und Übung. Wenn man es aber über die ganze Form hinweg geschafft hat, ungefähr parallele Linien zu ziehen, nimmt man sich ein Holzstäbchen und zieht quer zu diesen Linien eine weitere Reihe von Linien, sodass ein schönes Muster entsteht. Hier kann man aber auch nach Belieben kreativ werden und runde Swirls, Blumen und vieles mehr kreieren. Wenn man fertig geswirlt hat, die Masse nochmals etwas glatt rütteln und den fertigen Cheesecake mindestens 4 Stunden im Kühlschrank oder 2 Stunden im Eisfach fest werden lassen.

TIPP: Da hier rohe Nüsse verwendet werden, die oft nicht so gut verdaulich sind, empfiehlt es sich, die Nüsse vorher mindestens 4 Stunden einzuweichen und die Walnüsse danach wieder knusprig zu trocknen.

DIE PUTE

Aufgrund ihres roten, unbefiederten und warzenbesetzten Kopfes ist die Pute auf den ersten Blick vielleicht nicht das schönste Geschöpf im Tierreich. Aber seit wann entscheidet das Aussehen über den Wert eines Lebewesens?

•••

Wer den Tieren einen zweiten Blick gönnt, sieht, welch prächtiges Farbenspektrum ihr Federkleid aufweist. So gibt es Rote, Gelbe, Blaue, Kupferne und Schwarze Puten und noch einige mehr. Wenn der Puter seine Herzensdamen umherschreitend und mit kraftvollen Flügelschlägen bezirzt, beeindruckt er nicht nur seine Artgenossen. Generell stolzieren die Tiere in freier Natur anmutig durch das Unterholz.

•••

Wilde Puten leben im Wald und ernähren sich von Früchten, Samen, Würmern, Schnecken und Insekten. Sie sind schnelle, ausdauernde Läufer und können zudem auch gut fliegen. Ist die Brutzeit vorbei und wird der Nachwuchs langsam flügge, durchstreifen die Tiere in nach Geschlechtern getrennten Gruppen weite Gebiete. Vor Feinden geschützt, verbringen sie die Nächte gemeinsam auf Bäumen.

MINI-STREUSELKÜCHLEIN

mit „Quark"-Blaubeer-Füllung

„Ich engagiere mich privat in einem Tierschutzverein und freue mich daher, dass ich jetzt den Deutschen Tierschutzbund mit meinen Rezepten unterstützen darf und vielleicht damit auch noch mehr Menschen die vegane Küche ein Stück näher bringen kann." - **Michaela Marmulla**

MÜRBETEIG

150 g pflanzliche Margarine
125 g Zucker
300 g Mehl
2 EL Wasser
1 TL Backpulver
etwas Öl oder Margarine plus Mehl für die Form

FÜLLUNG

1 Becher Soja-Quark-Alternative (400 g)
1 Pckg. Puddingpulver Vanille
3 EL Zucker
1 Bio-Zitrone
125 g Blaubeeren

12 STÜCK
45 MIN.

1. Margarine mit Zucker, Mehl, Wasser und Backpulver mit dem Knethaken zu einem Mürbeteig kneten.

2. Die Muffinform einfetten und mit Mehl ausstreuen (entfällt bei Silikonformen).

3. Ein Drittel des Teiges in die Förmchen geben, mit den Fingerspitzen (auch am Rand) leicht andrücken.

4. Soja-Quark-Alternative mit Puddingpulver und Zucker verrühren.

5. Zitronenschale abreiben, Zitrone auspressen und Saft plus Abrieb unterrühren.

6. Die Blaubeeren auf die Muffinförmchen verteilen und jeweils 1 EL „Quark"-Füllung in jedes Förmchen geben.

7. Den restlichen Teig als Streusel auf den Förmchen verteilen.

8. Im vorgeheizten Ofen bei 175 °C etwa 25 Minuten backen.

SCHOKO-KOKOS-TÜRMCHEN

mit Himbeeren

„Tierschutz bedeutet für mich den Schutz der Unversehrtheit aller nichtmenschlicher Tiere. Da tierische Produkte für die Gesundheit des Menschen in keiner Weise notwendig sind, ist es eine schöne Sache, dass unsere Tierliebe nicht bei Haustieren enden muss. Für mich ist es ein Widerspruch, einige Tiere zu schützen und andere zu essen und die Forschung zeigt, dass eine pflanzliche, vollwertige Ernährung zu den gesündesten Ernährungsformen gehört." - **Niko Rittenau**

STRUDELTEIG

1 Pckg. Vollkorn-Dinkel-Strudelteig (Strudel- oder Blätterteig, vegan)

SCHOKO-KOKOS-CREME

6 weiche süße Datteln, entsteint (z.B. Medjool)
4 EL Kokosmus, im warmen Wasserbad geschmolzen
3 mittelgroße Avocados, essreif und weich
3 Bananen, sehr reif
1 sehr kleine Prise jodiertes Speisesalz
100 ml Mandeldrink
5 EL Kakaopulver, nicht stark entölt
48 Himbeeren
Früchte der Saison (optional)

6 PORTIONEN
25 MIN. +
KÜHLEN

1. Den Backofen auf 180 °C vorheizen. Den Strudelteig aus der Packung nehmen und auf Backpapier auslegen. Ca. 8 x 8 cm große Quadrate einschneiden, in den vorgeheizten Backofen geben und knusprig goldbraun backen.

2. In der Zwischenzeit alle Zutaten für die Schokocreme, mit Ausnahme des Kakaopulvers, in einen Hochleistungsmixer geben und mithilfe des beiliegenden Stößels cremig mixen, sodass eine glatte Masse entsteht.

3. Das Kakaopulver hinzugeben und noch einmal kurz mixen, bis sich das Kakaopulver gleichmäßig aufgelöst hat.

4. Die fertige Schokocreme in eine Schüssel geben und abgedeckt im Kühlschrank 6 Stunden kühlen, damit sie optimal ihr Aroma entfalten kann und die richtige Konsistenz bekommt.

5. Die knusprigen Strudelblätter aus dem Ofen nehmen und auskühlen lassen.

6. Zum Servieren die Schokocreme in einen Spritzbeutel geben und die Strudelteigblätter bereitlegen. Dann mehrere Blätter Strudelteig gestapelt auf einen Teller legen, Schokocreme aufspritzen und mit Himbeeren garnieren. Den Vorgang zweimal wiederholen und mit einer finalen Schicht Schokocreme und Himbeeren abschließen. Gerne mit weiteren Früchten verzieren.

TIPP: Sollte einmal für weniger als sechs Personen gekocht werden, sollte man trotzdem die gesamte Menge zubereiten, da sich kleinere Mengen schlechter mixen lassen. Außerdem hält sich die Creme mindestens drei Tage im Kühlschrank und schmeckt am nächsten Tag oft noch besser.

COCORAMEL-BARS

„Wir haben die Macht und auch die Verantwortung, aus dieser Welt einen schönen Ort zu machen, auf dem wir uns mit Respekt und Liebe begegnen. Tierschutz ist ein so prägnantes Wort, dabei sollte es selbstverständlich sein, ein Tier und seine Umwelt mit genauso viel Liebe zu behandeln, wie man sie sich selbst wünscht. Mit der veganen Ernährung und Organisationen wie dem Deutschen Tierschutzbund kommen wir zu einem empathischen Umgang miteinander zurück." - **Stina Spiegelberg**

BODEN

100 g Kokosmehl
50 g Mandelmehl
3 EL Ahornsirup
2 EL Kokosöl
50 ml Pflanzendrink

SALZKARAMELL

150 g Datteln, entsteint
60 g Erdnussbutter
80 ml Wasser
1/4 TL Fleur de Sel oder
Himalaya Salz
30 g Kokosöl

SCHOKOLADE

50 g Kakaobutter
15 g Carob oder Kakao
15 g Kokosöl
1 Msp. Vanille, gemahlen
2 EL Ahornsirup

1. In einer Schüssel Kokosmehl, Mandelmehl, Ahornsirup, das flüssige (aber nicht heiße!) Kokosöl und den Pflanzendrink mischen. Eine quadratische Form von 15 x 15 cm mit Backpapier auslegen und die Masse hineinkrümeln. Mit den Fingern festdrücken.

2. Datteln, Erdnussbutter, Wasser, Fleur de Sel und das flüssige (aber nicht heiße!) Kokosöl in den Standmixer geben. Pürieren, bis eine cremige Konsistenz entsteht. Das Karamell auf dem Kokosboden verteilen und für 1 Stunde in das Gefrierfach stellen.

3. Die Kakaobutter schonend schmelzen, dann mit Carob oder Kakao, Kokosöl, Vanille und Ahornsirup mischen. Wenn eine homogene Konsistenz erreicht ist, solange weitermischen und warten, bis die Schokolade dickflüssiger wird. Dann auf der Karamellschicht verteilen.

TIPP: Die Bars können im Gefrierfach oder im Kühlschrank aufbewahrt werden.

9 STÜCK
30 MIN. +
KÜHLEN

VEGANE BUCHTELN

„Tierschutz bedeutet für mich gleiches Recht für Mensch und Tier und die Koexistenz in friedlicher Gemeinschaft.“ - **Christian Weber**

BUCHTELN

230 ml Mandeldrink
1 Würfel Hefe, frisch
80 g Rohrohrzucker
1 TL Leinmehl, in 3 EL Wasser angerührt
80 g Kokosol
500 g Mehl (Typ 405)
Vanillemark einer halben Schote, frisch
1 Prise Salz
veganer Nougat
Mandeldrink zum Bestreichen
Puderzucker

10 PORTIONEN
60 MIN. + RUHEN

1. Den Mandeldrink lauwarm erwärmen. Die Hefe dazubröckeln und darin auflösen. 1 EL Zucker einrühren und 10 Minuten abgedeckt gehen lassen.

2. Anschließend das Leinmehl in einer kleinen Schüssel mit dem Wasser verrühren und ebenfalls bis zum Gebrauch stehen lassen.

3. Den Hefeansatz nun in die Knetmaschine umfüllen und die restlichen Zutaten zugeben (d. h. Zucker, Kokosöl, Mehl, Vanille, Salz, Leinmehl mit Wasser verrührt). Alles zu einem glatten Teig verarbeiten. Den Teig in einer Schüssel mit einem Küchentuch bedeckt 1 Stunde gehen lassen. Derweil eine kleine, am besten flache Auflaufform mit Kokosfett ausfetten.

4. Den Ofen auf 160 °C vorheizen. Den Teig aus der Schüssel nehmen und auf eine leicht bemehlte Arbeitsfläche legen. Mit den Händen flach drücken, sodass der Teig ca. 2-3 cm dick ist. Nun mit einem Ausstechring ca. 5 cm breite Kreise ausstechen, auf diese ein kleines Stück Nougat legen und eindrücken, anschließend den Teig (zum Nougat hin) mit den Fingern verschließen. Mit der Verschlusskante nach unten in die Auflaufform legen, dabei etwas Abstand halten (ca. 1 cm), damit die Buchteln gut aufgehen können. Mit dem restlichen Teig genauso verfahren. Die Teigreste nochmals zusammendrücken und ebenfalls ausstechen.

5. Die Buchteln nochmals mit einem Tuch bedeckt 20 Minuten gehen lassen. Anschließend mit einem Pinsel auf der Oberseite mit etwas Mandeldrink bestreichen und im vorgeheizten Ofen bei 160 °C 20-25 Minuten backen. Mit Puderzucker bestäuben und servieren.

KOKOSWAFFELN

mit Zwetschgen-Birnen-Kompott

*„Wir unterstützen dieses Buchprojekt, weil wir so mit anderen tollen engagierten Köch*innen zeigen können, dass Tierschutz eben schon beim täglichen Kochen anfängt.“* - **Nadine Horn & Jörg Mayer**

KOMPOTT

400 g Zwetschgen
150 g Birnen
ca. 115 ml Wasser
1 TL Speisestärke
2 EL Kokosblütenzucker

KOKOSWAFFELN

1 EL Leinsamenmehl
6 EL Wasser
40 g Kokosmehl
145 g Dinkelmehl
50 g Kokosraspel
1 1/2 TL Weinstein-Backpulver
1/2 TL Zimt
1 Prise Salz
50 ml Kokosöl
2 EL Ahornsirup
175 ml Kokosmilch
175 ml Mandeldrink

1. Für das Kompott Zwetschgen entsteinen und das Kerngehäuse der Birnen entfernen. Anschließend das Obst in Stücke schneiden.

2. Zusammen mit 100 ml Wasser aufkochen, Speisestärke in 1 EL Wasser einrühren und zusammen mit dem Kokosblütenzucker zum Kompott geben. Bei niedriger Hitze 20-25 Minuten einköcheln lassen, dabei ab und zu umrühren.

3. Waffeleisen aufheizen.

4. Für den Ei-Ersatz Leinsamenmehl mit 6 EL Wasser vermengen und 5 Minuten quellen lassen.

5. Für die Waffeln alle trockenen Zutaten miteinander vermengen.

6. Kokosöl in einem kleinen Topf bei Hitze schmelzen, anschließend mit Ahornsirup, Kokosmilch, Mandeldrink und Leinsamenmischung vermengen.

7. Die flüssigen mit den trockenen Zutaten vermengen und zu einem glatten Teig verrühren.

8. Das Waffeleisen mit einem Backpinsel mit etwas Kokosöl einölen.

9. Teigmenge je nach Waffeleisengröße einfüllen und etwa 8 Minuten kross backen.

SAFTIGER SCHOKOLADENKUCHEN

mit Erdnussbutter-Creme

„Tierschutz und vegane Küche sind für mich persönlich untrennbar miteinander verbunden. Das beginnt damit, dass für mein Essen kein Tier gequält oder getötet wird und greift natürlich darüber hinaus auch in alle anderen Lebensbereiche. Außerdem setze ich mich im Rahmen meiner Möglichkeiten aktiv für Tierschutz ein.“
- Michaela Marmulla

KUCHEN

2 Cups Mehlmischung, glutenfrei (480 g)
1 1/2 Cups Rohrohrzucker (330 g)
1/3 Cup Backkakao (40 g)
3 TL löslicher Kaffee oder Getreidekaffee
2 TL Backpulver
1 TL Natron
2 Cups Reisdrink (500 ml)
1/3 Cup neutrales Rapsöl (75 ml)
3 TL Apfelessig

FROSTING

1/2 Cup pflanzliche Butter-Alternative (115 g)
1/2 Cup Erdnussbutter, creamy (125 g)
2 EL Zuckerrübensirup
1 Cup Puderzucker, gesiebt (120 g)

SPRINGFORM
45 MIN.

1. Trockene Zutaten in einer großen Schüssel vermischen.

2. Reisdrink und Rapsöl zufügen und verrühren, sodass keine großen Klumpen im Teig sind.

3. Apfelessig unterrühren.

4. In eine gefettete Springform (Ø 24 oder 26 cm) geben und bei 175 °C im vorgeheizten Ofen ca. 25-30 Minuten backen.

5. In der Zwischenzeit pflanzliche Butter-Alternative in einer kleinen Schüssel mit dem Handrührgerät schaumig rühren.

6. Erdnussbutter und Zuckerrübensirup zugeben und ebenfalls verrühren.

7. Zum Schluss den gesiebten Puderzucker nach und nach gut unterrühren und die Creme für ca. 30 Minuten kalt stellen.

8. Die Erdnussbutter-Creme mit einem Messer „wolkig“ auf den abgekühlten Kuchen auftragen.

9. Nach Wunsch mit etwas geschmolzener Schokolade verzieren.

TIPP: 1 Cup entspricht ungefähr 250 ml; man kann also auch ein Glas oder eine Kaffeetasse mit diesem Inhalt verwenden, wenn man kein Cup-Maß hat.

BRENNNESSEL-LIMO

„Für uns bedeutet Tierschutz, vor der eigenen Haustür zu kehren! Mit veganer Ernährung und biologischem Einkauf spurenlos sein in der Natur und einen liebevollen Umgang mit Menschen, Tieren und Pflanzen pflegen."

- Judith & Surdham Göb

LIMO

6 Stiele junge Brennnesselspitzen
2 Stiele Zitronenverbene oder Minze
2 Zitronen
1/2 Bio-Zitrone
6 EL durchsichtige Apfelsüße
600 ml kaltes Wasser

1. Die Brennnesselspitzen waschen. Die Zitronenverbene waschen und die Blätter von den Stielen zupfen. Die Zitronen halbieren und auspressen. Die Bio-Zitronenhälfte heiß waschen und die Kerne entfernen.

2. Brennnessel, Zitronenverbene, Zitronensaft, Zitronenhälfte, Apfelsüße und die Hälfte des Wassers in den Mixer geben. Zunächst auf niedriger Stufe, dann auf höchster Stufe 45 Sekunden mixen, sodass die Schale der Zitrone und die Brennnessel sehr fein gemixt werden.

3. Das restliche Wasser dazugeben und nochmals kurz aufmixen. Den Drink nach Belieben auf Eis servieren.

TIPP: Nicht nur die frischen Triebe der Brennnessel wirken wahre Wunder, sondern auch ihre Samen, die im Herbst geerntet werden, geben Kraft und helfen bei Erschöpfungszuständen.

HERZLICHEN DANK AN UNSERE KÖCHINNEN UND KÖCHE ...

ADAM-ECKERT, ELKE

Mediterrane Champignons mit veganer Füllung; Kürbis-Kichererbsen-Curry mit Banane; Schwarzwurzelsalat mit Räuchertofu an Schnittlauchpaste

Weitere Rezepte der Köchin: Prominente Köche kochen vegetarisch, euch zuliebe / Hädecke Verlag

www. genuss-voll.de

Autorinnenfoto © Manfred Schreck

AMREIN, ARMIN

Exotisches Ratatouille; Geeistes Tomaten-Zitronengras-Süppchen; Sommerliche Weizenbier-Bowle

www.glow-davos.ch

Autorenfoto © Fabian Haefeli Zuerich

BARÒ, GONZALO

Kleine Brokkoli-Tortillas in Salsa Verde; *Vegan Spanien / NeunZehn Verlag*

Miso-Aubergine mit Zitronen-Kurkuma-Couscous; Salat aus geröstetem Gemüse mit Buchweizen und Chimichurri

www. gonzalobaro.com

Autorenfoto © Gonzalo Barò

BOLK, PATRICK

Asiatischer Spitzkohlsalat

Kartoffelpüree mit mediterraner Stippe; Lieblingsnudeln; *Vegan im Job / Südwest-Verlag*

www.patrickbolk.de

Autorenfoto © Isabelle Grubert

CASTY, ELFIE

Gratiniertes Sommergemüse; Rhabarbersuppe; *Mit Liebe, Lust und Thymian / Buchverlag Elfie Casty*

Rezepte von „Elfie Casty, überarbeitet von Anina A. Engeler"

www.elfie-casty.ch

Autorinnenfoto © Anina A. Engeler

COPIEN, SEBASTIAN

Kohlrabifilets mit Kartoffel-Brennnessel-Püree & Spargel-Orangen-Soße; *Die vegane Kochschule. Küchenpraxis – Warenkunde – 200 Rezepte. Mit Fotos von Hansi Heckmair. (c) 2015 Christian Verlag GmbH, München;* **Süßkartoffelsuppe mit Orange;** *Fit-Mix: Vegane Blitzrezepte aus dem Mixer / ZS Verlag*

www.sebastian-copien.de; www.plant-based-institute.com

Autorenfoto © Hansi Heckmair / ZS Verlag

DAHLKE, DR. RUEDIGER

Apfelringe-Pancakes (von Anette und Marco Bruhin); Tomaten mit Kichererbsenfüllung (von Dorothea Neumayr); *Das Lebensenergie-Kochbuch / Arkana Verlag 2016*

www.dahlke.at

Autorenfoto © David Köhler

DONALDSON, HEATHER UND FLIPPO RIEDEL

Mindful Mac'n'Cheeze; *Vegan Masterclass – Yoga Food / Sebastian Copien*

Peanut Butter Fudge; *Vegane Rezepte und Yogi Weisheiten / Pink Elephant Cooking*

www.pinkelephantcooking.de

*Autor*innenfoto © Yvonne Schmedemann*

DUMAINE, JEAN-MARIE

Linsencrème „AS"

Ofengemüse mit Wintertrüffel und Waldkresse; *Wilde Gemüseküche / Jean-Marie Dumaine, Nikolai Wojtko: Dumaines wilde Gemüseküche. 100 unkomplizierte Rezepte mit Wildpflanzen und Gemüse, AT-Verlag München und Aarau 2014*

www.vieux-sinzig.com

Autorenfoto © Meik Halbach

ECKMEIER, JÉRÔME

Hot Chiliburger mit gebackenen Kürbisspalten; Feldsalat mit Räuchertofustreifen; *Vegan tut gut, schmeckt gut / DK Verlag*

www.jeromeeckmeier.com

Autorenfoto © Fotografie Boris Seifert

FRANKE, TIMO

Mango-Mozzarella-Tatar; Schokotarte mit Himbeersorbet

www.timo-franke.de

Autorenfoto © Jörg Bongartz

GÖB, JUDITH UND SURDHAM

Avocado-Schoko-Shake; Brennnessel-Limo; *Vegane Power-Drinks / ZS Verlag*

Dhal aus gelben Linsen

www.surdhamskitchen.com

*Autor*innenfoto © ZS Verlag / Oliver Brachat*

GREEN, LEA

Goldene Kokosmilch-Eiscreme

Weitere Rezepte der Köchin: Green Love / GrünerSinn Veganverlag

www.veggi.es

Autorinnenfoto © Domiana Reimann

HARTANTO, JOSITA

Schnelle Woknudeln; Tempeh mit Paprika und Dill

Süßkartoffel-Saté mit Korianderreis; *Vegan Genial / NeunZehn Verlag*

www.lucky-leek.com

Autorinnenfoto © Sebastian Happe-Hartanto

HILTL, ROLF

Soja-Schokomousse; *Vegan Love Story / AT Verlag*

Züri-Geschnetzeltes; *Meat the Green / AT Verlag*

www.hiltl.ch

Autorenfoto © Hiltl AG

HÖLZL-SINGH, YVONNE

Kartoffel-Kürbis-Gulasch; Massaman-Linsen-Kokos-Curry

Blüten-Cake-Pops; *Vegane Cake-Pops / NeunZehn Verlag*

www.freudeamkochen.at

Autorinnenfoto © Arnold Pöschl

JUST, NICOLE

Herzhafte Krapfen – Zweierlei von der Roten Bete; Zucchiniquiche mit roten Zwiebeln

Weitere Rezepte der Köchin: La Veganista: Mein selbst gemachter Power-Vorrat / Gräfe und Unzer Verlag

www.nicole-just.de, www.facebook.com/veganistaway, www.instagram.com/n_just

Autorinnenfoto © Björn Fehl

KLAPP, ANNA-LENA

Haselnuss-Nougat-Kugeln; *Vegane Süßigkeiten / NeunZehn Verlag*

Kürbis-Tofu-Lasagne mit Mandel-Béchamelsoße; Süßkartoffelgnocchi auf Rahmspinat

www.veggietale.de

Autorinnenfoto © Eva Seidel

LAUSER, BORIS

Cheesecake mit Orangen-Schoko-Swirl; Dim Sum aus Wurzelgemüse mit Pflaume süß-sauer; *Go Raw Be Alive / Kosmos Verlag*

Topinambur-Pastinaken-Cremesuppe

www.borislauser.com

Autorenfoto © Tatyana Kronbichler

MARMULLA, MICHAELA

Mini-Streuselküchlein mit „Quark"-Blaubeer-Füllung; Saftiger Schokoladenkuchen mit Erdnussbutter-Creme

Thai Bowl mit Reisbandnudeln und Erdnuss-Soße

Weitere Rezepte der Köchin: Grill vegan!; Brunch vegan! / Unimedica Verlag

www.veganilicious.de, www.facebook.com/Veganilicious,

www.instagram.com/veganilicious

Autorinnenfoto © Angela Reinecke

MAYER, JÖRG UND NADINE HORN

Kokoswaffeln mit Zwetschgen-Birnen-Kompott; Tapioka-Pudding mit Kokosmilch & Mango; *Vegan kann jeder / NeunZehn Verlag*

„Eiersalat"-Sandwich; *Vegan frühstücken kann jeder / NeunZehn Verlag*

www.eat-this.org

*Autor*innenfoto © Jörg Mayer*

MOORE, JUSTIN P.

Kadala Thel Dala – Teuflisch würzige Kichererbsen; Sri-lankisches Jackfrucht-Curry; *The Lotus and the Artichoke SRI LANKA / Ventil Verlag 2015*

www.lotusartichoke.com

Autorenfoto © Ashley Ludaescher

MOSCHINSKI, BJÖRN

Belugalinsen-Salat mit gegrillter Zucchini; Reispuffer mit Dattelratatouille; *Björn Moschinski, Hier & jetzt vegan. Marktfrisch einkaufen, saisonal kochen © 2013 Südwest Verlag, München, in der Penguin Random House Verlagsgruppe GmbH*

www.bjoernmoschinski.de

Autorenfoto © Björn Moschinski

PÖSCHL, ARNOLD

Pasta alla Nicoletta; *Vegan Kochen / NeunZehn Verlag*
Birnen-Crumble
www.arnoldpoeschl.com
Autorenfoto © Maria-Anna Pöschl

RAZAVI, PARVIN

Knuspriges Baguette mit gebackenem Blumenkohl
Gegrillte Aubergine mit Linsen-Tabouleh; Gefüllte Paprika mit Couscous; *Vegan Oriental / NeunZehn Verlag*
www.facebook.com/thx4cooking
Autorinnenfoto © Arnold Pöschl

RITTENAU, NIKO

Gekeimte Schupfnudeln mit Tempeh-Pilz-Ragù und Gomashio; Schoko-Kokos-Türmchen mit Himbeeren
Sellerie-Apfelcreme-Suppe mit Walnüssen
www.nikorittenau.com
Autorenfoto © Karsten Werner

RÜTTING, BARBARA

Artischocken alla Romana; Roher Spinatsalat mit Knoblauch-Walnuss-Soße und gerösteten Pinienkernen; *Vegan & vollwertig / Nymphenburger in der F.A. Herbig Verlagsbuchhandlung GmbH, München*
Kartoffelsuppe Vichyssoise mit Knoblauchsrauke
www.barbara-ruetting.de
Autorinnenfoto © Manuela Liebler

SPIEGELBERG, STINA

Cocoramel-Bars; Quinoa-Taboulé mit Tempeh
Grüne Power-Waffeln mit Dill-Gurken-Salat; *Vegional - mit Liebe gekocht / Fackelträger Verlag*
www.veganpassion.de
Autorinnenfoto © Stina Spiegelberg

STROMBERG, HOLGER

Chopped Salad; Gegrillte Champignons mit Möhren-Polenta; *Das Kochbuch der Nationalmannschaft / Edel-Verlag*
www.stromberg-catering.de
Autorenfoto © Erwin Lanzensberger

UNTERWEGER, KRISTINA

Steinpilz-Polenta; *Vegan Österreich / NeunZehn Verlag*

Linzer Torte; Französische Zwiebelsuppe mit Baguette

www.neunzehn-verlag.de

Autorinnenfoto © Kristina Unterweger

WEBER, CHRISTIAN

Kürbisschupfnudeln mit Roter Bete, Basilikum, Haselnüssen und Senfkohl; Vegane Buchteln

www.facebook.com/einfachandersessen

Autorenfoto © Christian Weber

WISCHNEWSKI, JAN

Mille feuille mit Kohlrabi, Apfel und Avocado-Meerrettichcreme; Rote Quinoa mit Muskatkürbis und Grünkohl; Blaue Tacos mit Bohnen, Avocado und Algen-Bacon

Weitere Rezepte des Kochs: Smoothies für den Winter / Lingen Verlag

www.foodfotografie-berlin.de

Autorenfoto © Jan Wischnewski

… UND HERZLICHEN DANK AN ALLE,

die sich den Tieren auf dieser Welt genauso verbunden fühlen wie wir, die unsere Arbeit unterstützen und ihre Stimme mit uns gemeinsam für unsere Mitgeschöpfe erheben.

DER DEUTSCHE TIERSCHUTZBUND

MIT HERZ UND VERSTAND

*Seit 1881 kämpft der Deutsche Tierschutzbund gegen den Missbrauch von Tieren. Heute sind ihm 16 Landesverbände und mehr als 740 örtliche Tierschutzvereine mit über 550 vereinseigenen Tierheimen und Auffangstationen angeschlossen. Insgesamt vertritt der Verband mehr als 800.000 organisierte Tierschützer*innen – er ist damit der größte Tierschutzdachverband in Deutschland und Europa.*

DIE WELT EIN STÜCK BESSER MACHEN

Ob Hunde, Katzen, Kaninchen oder Vögel, Reptilien, Schweine, Rinder oder Affen – jedes Tier hat einen Anspruch auf Unversehrtheit und ein artgerechtes Leben. Basierend auf diesem Grundsatz setzt sich der Deutsche Tierschutzbund täglich für unsere Mitgeschöpfe ein. „Wir wollen, dass dieser Anspruch für alle Tiere Wirklichkeit wird – im Privathaushalt, in der Landwirtschaft, in der Forschung und wo immer der Mensch Umgang mit Tieren hat", so Thomas Schröder, Präsident des Deutschen Tierschutzbundes. „Darüber hinaus wollen wir, dass Tiere in ihren natürlichen Lebensräumen geschützt werden. Tier-, Natur- und Artenschutz sind für uns untrennbar miteinander verbunden. Der praktische Einsatz zum Wohl aller Tiere und die Stärkung des Tier- und Naturschutzgedankens in unserer Gesellschaft sind dabei unsere zentralen Aufgaben", so Schröder weiter.

EIN HERZ FÜR TIERE

Die Tierheime und Mitgliedsvereine sind das Herzstück des Verbandes. 90.000 Tiere befinden sich im Durchschnitt in der Obhut der Tierschützer*innen, über das Jahr verteilt nehmen sie rund 300.000 große und kleine Fellnasen, Vögel und Reptilien auf. Wochen und Monate kämpfen sie um das Leben jedes einzelnen Tieres, aufopfernd bis zur eigenen Erschöpfung. Ob ausgesetzt, abgegeben, vernachlässigt und misshandelt oder als frei lebendes Tier auf menschliche Hilfe angewiesen – die Türen der Tierheime sind niemals verschlossen. Der Deutsche Tierschutzbund steht ihnen dabei in Form einer fachlichen und rechtlichen Beratung sowie der Tierheim- und Vereinsbetreuung zur Seite. Zusätzlich unterstützt der Verband die ihm angeschlossenen Tierheime und Tierschutzvereine mit verschiedenen Hilfsfonds, wie etwa der Bauhilfe, dem Feuerwehrfonds für Notfälle und bei Kastrationsaktionen für frei lebende Katzen. In diesem Kontext kämpft der Verband unter anderem auch gegen den illegalen Welpenhandel – ein kriminelles Millionengeschäft, das nicht nur die Tierheime belastet, sondern vor allem auch enormes Tierleid verursacht.

FÜR EIN BESSERES LEBEN

Darüber hinaus engagiert sich der Deutsche Tierschutzbund für ein besseres Leben der Tiere in der Landwirtschaft und der Tiere im Zoo, ein Wildtierverbot im Zirkus, ein Ende der weltweiten Pelztierhaltung und eine Wissenschaft ohne Tierversuche – und das sind nur einige Themen von vielen. Bei aller Arbeit ist die verbandseigene Akademie für Tierschutz in Neubiberg bei München die wissenschaftliche Basis. Hier setzen sich engagierte Wissenschaftler*innen aus den Bereichen Biologie, Tiermedizin und Recht fundiert mit den Tierschutzproblemen unserer Gesellschaft auseinander und erarbeiten daraus die Grundlagen für die Ausrichtung der Tierschutzarbeit in Deutschland und Europa. Mit seinen Fachreferent*innen für jegliche Themenbereiche und Tierarten, der Bundesgeschäftsstelle in Bonn und seinem Hauptstadtbüro in Berlin ist der Verband nicht nur bundesweit, sondern auch auf europäischer Ebene bestens vernetzt.
Zusätzlich hat der Deutsche Tierschutzbund auf einem 13 Hektar großen ehemaligen Bundeswehrgelände in Kappeln an der Schlei in Schleswig-Holstein eine bundes-

weit einmalige Einrichtung geschaffen: das Tierschutzzentrum Weidefeld. Als Auffangstation für beschlagnahmte und in Not geratene Tiere leistet der Verband dort praktische Tierschutzarbeit.

EINIGE UNSERER ETAPPENSIEGE FÜR DAS WOHL DER TIERE

- *Verankerung des Tierschutzes im Grundgesetz*
- *EU-weites Handelsverbot für Hunde- und Katzenfelle*
- *Verbot der Käfighaltung bei Legehennen*
- *Tierversuchsverbot für Kosmetika in der EU*
- *Erfolgreicher Einsatz für die Anwendung tierversuchsfreier Verfahren, z. B. in der EU-Chemikalienpolitik (REACH)*
- *Verbesserte Haltungsvorgaben für Zootiere*
- *Abschaffung der EU-Exportsubventionen für die Ausfuhr lebender Rinder zur Schlachtung in Drittländern*
- *Aufbau eines Tierschutzzentrums in Odessa (Ukraine)*

WIR BRAUCHEN IHRE UNTERSTÜTZUNG!

Für unsere wissenschaftliche Forschung, unsere Kampagnen und Öffentlichkeitsarbeit, die Mitarbeit in den verschiedensten Gremien und für den Informations- und Beratungsservice benötigen wir die Unterstützung von fördernden Mitgliedern und tierlieben Menschen. Jede Spende hilft uns bei unserem Einsatz für die Tiere. Um gegen die Übermacht der Tiernutzer*innen ein Gegengewicht zu schaffen, ist jedoch nicht nur Geld erforderlich. Jede Stimme, die sich mit uns für die Tiere erhebt, hilft uns dabei, ihnen in unserer Obhut ein tiergerechtes Leben zu ermöglichen – ein Leben ohne Leiden und Schmerzen. Nur mit Ihrer Unterstützung können wir die Welt verändern!

WERDEN SIE FÖRDERMITGLIED!

Ihre regelmäßige Unterstützung als Fördermitglied ist eine wichtige Grundlage unserer Arbeit. Werden Sie Teil einer starken Gemeinschaft und schaffen Sie mit uns zusammen eine bessere Welt für alle Tiere.

IHRE VORTEILE

- *Sie erhalten quartalsweise unser Magazin DU UND DAS TIER mit aktuellen Informationen aus der Welt des Tierschutzes.*
- *Unsere Expert*innen beraten Sie jederzeit kompetent in allen Tierschutzfragen.*
- *Sie sind Fördermitglied in Europas größtem Tierschutzdachverband und geben Tieren eine Stimme.*
- *Ihr Förderbeitrag ist steuerlich absetzbar.*

Erfahren Sie mehr unter:

www.tierschutzbund.de/mitglied-werden

ABONNIEREN SIE UNSER MAGAZIN

Auch mit einem Abonnement unseres Magazins DU UND DAS TIER unterstützen Sie unsere Arbeit zum Wohl der Tiere. Mit DU UND DAS TIER informieren wir Sie vier Mal im Jahr mit spannenden Berichten und Reportagen sowie interessanten Interviews und Artikeln über alle tierschutzrelevanten Entwicklungen. Sie möchten unverbindlich in unser Magazin hineinschnuppern?

Bestellen Sie ein kostenfreies Probeexemplar unter:

probeexemplar@tierschutzbund.de

Weitere Informationen finden Sie auf der Website unseres Magazins unter:

www.duunddastier.de

REGISTER

IMPRESSUM

Herausgeber:
Deutscher Tierschutzbund e.V.
In der Raste 10
53129 Bonn
Telefon 0228/604960
www.tierschutzbund.de

Social Web
www.instagram.com/tierschutzbund
www.facebook.com/tierschutzbund
www.twitter.com/tierschutz_bund

4. veränderte Auflage 2022
ISBN: 9783947188079
www.tierschutz-genießen.de
Gedruckt in der EU 2022

Spendenkonto des Deutschen Tierschutzbundes
Sparkasse KölnBonn
IBAN: DE88 3705 0198 0000 0404 44
BIC: COLSDE 33
Spenden sind steuerlich absetzbar.

GEPRÜFTE TRANSPARENZ.
Initiative Transparente Zivilgesellschaft

Erschienen im NeunZehn Verlag
Ein Imprint der
Adrian & Wimmelbuchverlag GmbH
Friedrichstraße 126
10117 Berlin
www.neunzehn-verlag.de

Projektleitung & Chefredaktion: Verena Jungbluth
Projektassistenz: Nadine Sterz
Layout, Gestaltung & Satz: Julia Bleiweis, www.graphicjulez.at
Fotografie: Jan Wischnewski, www.foodfotografie-berlin.de
Foto Vorwort: © Deutscher Tierschutzbund e.V.
Foto S.38/39: © iStock/Stephanie Frey; Foto S.52/53: © iStock/sekarb; Foto S.82/83: © iStock/clausjepsen;
Foto S.102/103: © iStock/debibishop; Foto S.134/135: © iStock/maxphotography; Foto S.164/165: © iStock/TT;
Foto S.182/183: © Adobe Stock/Tanja Hohnwald
Illustrationen: Julia Beutling, www.juliabeutling.de
Lektorat: Anne-Marie Schikowsky